悦 读 阅 美 · 生 活 更 美

女性生活时尚阅读品牌

☐ 宁静 ☐ 丰富 ☐ 独立 ☐ 光彩照人 ☐ 慢养育

管孩子不如懂孩子

心理咨询师的育儿笔记

徐徐 著

漓江出版社

图书在版编目(CIP)数据

管孩子不如懂孩子：心理咨询师的育儿笔记/徐徐著. --桂林：漓江出版社,2018.11（2019.4重印）

ISBN 978-7-5407-8492-8

Ⅰ.①管… Ⅱ.①徐… Ⅲ.①家庭教育 Ⅳ.①G78

中国版本图书馆CIP数据核字(2018)第192945号

管孩子不如懂孩子——心理咨询师的育儿笔记

Guan Haizi Buru Dong Haizi——Xinli Zixunshi De Yuer Biji

作　　者：徐　徐

出 版 人：刘迪才
出 品 人：符红霞
特邀策划：易虹工作室
责任编辑：杨　静
助理编辑：赵卫平
营销编辑：郭　玥
封面设计：73号工作室
责任校对：王成成
责任监印：周　萍

出版发行：漓江出版社有限公司
社　　址：广西桂林市南环路22号
邮　　编：541002
发行电话：010-85893190　　0773-2583322
传　　真：010-85890870-814　　0773-2582200
邮购热线：0773-2583322
电子信箱：ljcbs@163.com
网　　址：http://www.lijiangbook.com
印　　制：三河市西华印务有限公司
开　　本：880×1230　1/32
印　　张：8
字　　数：150千字
版　　次：2018年11月第1版
印　　次：2019年4月第2次印刷
书　　号：ISBN 978-7-5407-8492-8
定　　价：39.80元

我能完成这本书，能胜任母亲的职责，我先生功不可没，在我跌跌撞撞学习做母亲的路途上，他一直和我互相搀扶，我在成长，他也在进步，而我们的孩子也因为我们的彼此相爱，学到了人生中重要的一课。

——徐徐

目 录
CONTENTS

推荐序

别让你的"认真"耽误了孩子的人生

宫学萍

我们人类会思考，所以常常把自己过得很辛苦。

当一个5岁小孩人生第一次提出"妈妈，我从哪里来？"的问题，他就开始了在思考生命起源的同时，面对死亡的焦虑。

育儿困扰也是如此。

如今的我们可能很难想象，就在不远的曾经，生养孩子并不是那么焦虑的事情。走在大街小巷的青年男女，刚刚到了适婚的年龄，就都忙不迭地张罗嫁娶，然后就是生孩子、养孩子，再等到孩子长大以后看他们生孩子。

女人们也从来不思考"我该什么时候生孩子"，个个都是过了门之后没多久，就挺着肚子房前屋后地扎堆聊天，从地里的收成，到市场的菜价，再到那谁谁家的风流韵事。至于孩子，儿孙自有儿孙福，能识文断字的，命好可以外出做个秀才，考大学；剩下不愿意读书的，也没关系，正好可以留在家门口，做个木匠、铁匠、剃头师傅、绣花大娘，兄弟姐妹之间，彼此还好有个照应。

当然，这些都已是曾经。

这些曾经种种的不上心，和我们如今的育儿生活实在是大不一样。大概从 20 世纪 90 年代开始，越来越多的爸爸妈妈们，开始认真、特别认真、无比认真、一代比一代认真地，关注起孩子的教育问题，开始认真思考，如何给自己的宝贝最优质的教育、最美好的童年、最灿烂的未来。

从这个意义上说，我们必须承认，如今的父母，对于生养孩子这件事情，给予了超越父辈太多太多的认真和关注；如今的小孩子，也的确比当年的我们，得到了更多来自家庭的看重和支持。

而相应的代价，就是我们这一代关爱孩子健康成长的父母们，很容易沉迷在无比认真地为孩子付出的思考、规划、设计、安排之中，沉迷在创造一个又一个教育神话的狂妄自大之中。我们总是害怕一不小心就犯下大错，总是在努力寻找正确的答案，也就难免反复体验患得患失和焦虑紧张。比如：

怎样让孩子长得高？更高？

怎样让孩子跑得快？更快？

怎样让孩子更好地学会说话、写字、拼拼音、背外语、做奥数题？

怎样让孩子既能全力投身百米冲刺，又甘愿在路边为人加油？

…………

以及，怎样确保孩子在完成以上一系列的阶段目标和终极考验的同时，还能每天保持佛性十足积极乐观？

当然，我们大家谁也不能说认真不好。只是如果这些我们期望的"好"，追求起来必须让人特别地努力、用力，用力到龇牙咧嘴，可能带给人们的感觉就不像一开始设想的那么美好了。

通常，我们要花很多时间才能一点一点地看到，并承认，"认真"并不能百分百帮助我们实现所有的愿望，尤其是在有关养育孩子的事情上。很有可能，我们每天都给孩子晒太阳补钙，但是他的身高最终还是没有长过隔壁的小明；我们每天带孩子参加各种各样开发创造力、意志力，提高抗挫折力的培训课程，但是他的日常表现还是不如邻居的小花。真是令人讨厌！

做心理咨询师的工作越久，我就越发容易感慨，其实我们大家每个人，都是在一条既定的人生轨道上"微调"自己的人生，也就越容易宽容地对待自己在生活中（包括母亲在内）的各种角色。毕竟，从受精卵形成的那一刻起，我们就既无法选择自己所在的历史时代、社会背景、家族和家庭环境，也无法摆脱身体和心灵内部、遗传基因和集体无意识的塑造和作用力。

唉，好辛苦。差点就掉到了"好吧，那我就什么也不管好了"这样一个另外的极端。

好日子，需要我们心中保留一些理想，只是不要活得太过理想。

养孩子，也是需要父母很认真地看到家庭教育对于孩子的各种重要性，然后，还能继续看到自己对孩子来说其实也"没那么重要"。

所以我很喜欢徐老师这本看起来不那么认真、不那么严肃的育儿笔记，并且从她的这份"不认真"中，看到了许多她对于自己的生活、对于自己的母亲角色、对于我们这个世界给予每个孩子温柔对待的确定和信任，也看到了在她每一次面对儿子用言行表达"妈，你对我没那么重要"的尴尬时刻，那种哭笑不得的豁达与骄傲。

看完本书之后，我也学着徐老师的样子，询问家中刚刚进入青春期的孩子："宝贝，放假我带你去旅行好不好？"听到对方不加思索地回答"好啊"之后，我再继续追问："那如果我不去，直接把我那份钱给你怎样？"

——"那当然更好了！"

愿我们大家都不被自己的"认真"所累。

愿我们的孩子都可以活出最好的自己。

2018 年 8 月　北京

宫学萍

　　心理咨询师、心理学专业翻译、撰稿人，青少年及儿童心理学专家，有译作《打破心理咨询师心中的禁忌》《浮生一日：心理治疗故事集》。

Part 1

无冕王

认清母亲的权力与责任

无冕王　认清母亲的权力与责任

　　当年，我在大学里学新闻时，听到老师说"记者是'无冕之王'"，还真有点心潮澎湃。后来当上记者，忙着采访写稿，并不觉得自己头顶"王冠"。

　　从来没有人告诉我，真正当上"无冕之王"，是成为母亲的那一刻。

　　从那一刻起，我对另一个生命就有了任何他人都无法拥有的至高权力，甚至可以说，这个新生命一生的走向，或幸福或不幸，或成功或潦倒，或丰富多彩或平淡无奇，都与我有最直接的关系。从某种角度说，对于这个生命，作为母亲的我似乎真的拥有"王权"。

成为母亲很多年后，我才意识到自己"无冕王"的身份，顿感权力重大，责任重大，也就有了更多的反思和成长。

真希望当年的我能早点知道，自己会对另一个生命拥有巨大的影响力。那样会让我对"母亲"这一职分更加敬畏虔诚，也更加谨慎小心，让我更好地做到"不辱使命"。

你是孩子的什么人？

1997 年 1 月，我生孩子时刚过了 29 岁生日，当年算大龄产妇。所以，当我提出剖腹产的要求时，院方很痛快地答应了。

出院时，我给孩子填出生证，正式有了一个新身份——母亲。回家后的晚上，我拿出那张出生证端详，看见自己的手写姓名跟在印刷体的"母亲"后面，心里感觉怪怪的。对于"母亲"这个称呼，我一直觉得很遥远。孩子的姥姥、我妈当年刚 50 岁，好像也不到被隆重地称呼为外祖母的年龄。文学作品里的"母亲"两个字，前面总有好多苦情修饰词，不是"白发苍苍的母亲"，就是"含辛茹苦的母亲"，至少也是"我的老母亲"。我年纪轻轻的怎么就"被母亲"了？

如今回头看自己的小矫情，其实是少女心未泯吧！当时，总觉得"母亲"两个字把我叫老了。在 21 年前的那个冬日，我一点都没意识到，上帝给了我此生最重要的职分，也给了我此生最温暖的荣耀。

成为母亲，不在我的计划之内。孩子的到来是个意外，但却是我从没预想过的最美的意外。从那一天开始，我不再只是女儿、妻子、姐姐，这些身份都是可替换的或非独一的，唯有母亲这一身份，是我和那个使我成为母亲的孩子，唯一的、不可替代的生命连接。

生孩子前，我绞尽脑汁给孩子起名未果。孩子生出来，护士称重后对我大声说："男孩，六斤六两！"我在麻醉药后的清醒瞬间脱口而出："大顺！"医生知道我是给孩子取名，乐了："六六大顺！这个好！"

这个土土的名字博得孩子他爹的赞赏。作为知名广告人，他的公司经常给各类企业产品进行命名，对于自己的儿子，他却觉得，未经思索、提炼、研讨的这个脱口而出，实在是来得自然妥帖，也说出了我们对孩子最本质最朴实的期望：一生顺利，大大的顺利。

就这样，两个懵懵懂懂的年轻人，就成了这个"大顺"的爹和妈。

之后，有很多场合，比如去医院打预防针，给孩子报名参加兴趣班，我们都会被问到相同的问题："你们是孩子的什么人？"我们一直觉得这是"明知故问"，甚至有几次在心里责怪提问者："这还用问？看不出来吗？"

当然，提问者只是例行公事，他们对我们和孩子的关系并无疑问，也无深究的兴趣。而我，也从没有深思过这个问题："我是孩子的什么人？"

直到若干年后，我成为女性成长课程的培训师，每次亲子关系课的开场，我都要和众多母亲一起思考这个至关重要的问题："我们，到底是孩子的什么人？"

不假思索的答案是生物学身份的声明，并不能让为人父母者更清楚自己的职分里包含着什么。**许多亲子关系中的冲突、纠缠、扭曲，都是因为没有搞清楚自己是孩子的什么人。**

生物学原因让我们在无意或刻意中就拥有了父亲或母亲的头衔，这不应该让我们觉得理所应当或沾沾自喜，诚惶诚恐才是善莫大焉。

因着这份诚惶诚恐，我们会带着谦卑和理性，认真思索自己和那个成为自己孩子的生命到底是什么关系。

为人父母者如果能清晰地在以下四个方面定位自己的角色，知晓自己的身份，明白自己的职责，我们与孩子的关系将会开启崭新的篇章。

第一，是感恩者，而不是施恩者

中国父母特别喜欢以有恩于自己孩子的"施恩者"自居。但是，有两句古话却把养育孩子的真相一语道破。第一句是"不孝有三，无后为大"，第二句是"养儿防老"。这两句话的意思是说，生孩子首先是对父母孝心的最好表达，其次是给自己最可靠的养老保障。这种逻辑让人细思恐极——"生你、养你，和你没什么关系，是给列祖列宗一个交代，也是为我老了以后有个保障，但你还必须时时刻刻记着我的恩情！"

默许甚至怂恿为人父母者以"施恩者"自居似乎是一种集体

潜意识，"养育之恩"被过分强调了。养育孩子是责任，也是乐趣。如果非把责任和乐趣升华到恩典的高度，除了让被养育者感到压力巨大，更会让成为父母的人产生极大的错觉："我生了你，就是对你有恩，这辈子你都还不清；所以，你做什么都首先要让我满意。"

学校的老师们可能都对学生们说过这样的话："你不好好学习，对得起谁？"时时刻刻提醒孩子："你欠我的，欠我们的！"老师和家长在孩子面前一味地强调这种"施恩者与报恩者"的角色定位，会让双方陷入一种不健康的对立关系中。

对此，一些文化学者提出：父母的角色定位应该是"感恩者"，而不是"施恩者"。他们从全新的角度阐释了父母的身份，认为为人父母者应该对自己有机会、有能力生养孩子心怀感恩。因为，成为父母是一件值得庆幸的事，它让人品尝到与孩子共同成长的快乐，让人感受到自己的基因得以繁衍的喜悦。我非常赞同这种观点。

我甚至觉得，为人父母者对孩子也应该心怀感恩。是孩子用毫无怀疑的信任、百分之百的依靠，帮助我们真正完成了生命的成熟；在我们变成合格父母的过程中，孩子对我们的失误、过错一再容忍、接受，他们用天真的笑脸和无邪的眼神一次次治愈了我们。

是"施恩者"还是"感恩者"的身份定位，会让为人父母者对自己的人生角色有完全不同的理解。如果父母把自己定位为"感恩者"，而不是"施恩者"，那孩子们的生存状况和心理状态将会有极大的改观。

家长们如果能主动自觉地从"施恩者"的高位上走下来，谦卑地接受自己也应该是"感恩者"的身份，就会为自己曾经对待孩子的方式羞愧不已。这样的羞愧将带来极其有益的反思，让家长们在和孩子相处时，把趾高气扬的理所当然变成心平气和的合作商议，这种态度转变会为构建全新的、健康的亲子关系打下坚实的基础。

第二，是陪伴者，而不是教育者

不知道大家有没有算过，我们和自己孩子密切相处的时间到底有多长？

从孩子出生到他们高中毕业，我们最多能和他们朝夕相处20年。之后，他们要么工作要么上大学，去外地或者去外国，即使在本地上学也会住校。从这时起，孩子和父母的关系就不会再像以前那样亲密了。

20年也就是240个月，真的没多长。如果你的孩子已经上小学或中学，你自己算算，能和孩子亲密相处的时间还有几个月、多少天？

在儿子上高一的时候，我突然意识到这点。当时离他考大学还有三年，也就是36个月。一想到短短的36个月后，他就会成为一年只回来两个假期的"远方的孩子"，我心里"咯噔"了一下，嗓子眼儿不知被什么东西堵住了——想哭，又不知道为什么而哭。一晚上的辗转反侧后，我知道这么多年自己做错了很多事，最让人后悔的一件错事，就是在非常有限的、本应和孩子亲密相处的日子里，没有享受陪伴的乐趣和温暖，而是一直糊里糊涂地扮演一个蹩脚的"教育者"。

很多父母和我一样，对于扮演"教育者"心心念念，总觉得这才是自己的职责。因为要给孩子供吃供穿，所以就觉得自己有资格给孩子指点人生。对自己身份的错误界定，让我们变得自大和狂妄。

做父母的，其实根本没想到，我们并不是想当然的"教育者"，而是孩子生命中第一段旅程的"陪伴者"。若干年后，孩子一定会离开你，开始新的旅程，接下来的旅程，他们有朋友的陪伴、爱人的陪伴、孩子的陪伴，那些，都和你无关了。在这宝贵的 240 个月里，你如果能开开心心地陪伴他 / 她，让他 / 她充分享受到父爱母爱的滋养，他 / 她就能顺顺利利地进入下一个人生阶段。

做一个"陪伴者"，需要的是感恩和享受。感恩自己有幸成为这个孩子的父母，可以享受天伦之乐，并享受这段陪伴孩子成长的美妙时光。如果动不动就想扮演"教育者"甚至"教育家"，板着面孔，大事小事地数落孩子、指导孩子，只会搞得孩子没笑脸，你也不开心。

做一个好的"陪伴者"并不容易，需要有欣赏的心、聆听的耳朵和温柔的舌头。如果能做到静静地、美美地陪着孩子长大，你就是最好的教育者。

我在儿子上高一后，就不再以他的"教育者"自居，而是努力做一个好的"陪伴者"——陪他看最新的电影，陪他去新开的餐馆品尝美食，陪他打羽毛球，听他讲自己的恋爱故事……我们相处的每一分钟都因为我身份的转变而变得美妙。最重要的是：当我放弃喋喋不休的说教，孩子就自动卸下了叛逆的铠甲；当我摘下"教育者"的有色眼镜，孩子就不再是一个浑身缺点和毛病的"被教育者"。此时的我，看着儿子只觉得："这孩子怎么那么讨人喜欢呢！怎么那么善解人意呢！"欣赏之情油然而生，说话的语气态度就变得温柔、喜悦，即使提些意见和指正，孩子也能听得进去。这样的能量，会让孩子感到爱的滋养和甜蜜。

第三，是帮助者，而不是管理者

"帮助者"和"管理者"的最大区别在于——"以谁为中心"。

"帮助者"是以孩子为中心，由父母来帮助孩子，鼓励孩子学会克服困难，帮助孩子找到自己的特长和才能，从而完成自己的人生使命，成为最好的自己。

"管理者"是以家长为中心，以家长的意愿部署孩子的人生——让孩子以家长的目标为目标、以家长的喜好为喜好，从而完成家长想要孩子完成的任务，帮助家长获得靠他们自身力量无法实现的人生价值。

以"管理者"自居的家长，总想操控孩子的人生。在他们的内心，孩子是家长人生计划的执行者，只有听命行事的责任，并无自作主张的权利。孩子小的时候，他们对孩子的兴趣爱好、穿衣风格、吃饭口味都会毫不客气地指指点点；孩子长大以后，他们对孩子学什么专业、找什么对象、干什么工作、什么时候结婚、什么时候生孩子都要管一管。

一次课程后，有位 80 后女学员和我分享，她说："我妈就是这样死死管了我三十年，我感觉自己从来没有真正活过，我一直是她的一个木偶。现在，我的工作婚姻都出了问题，可我一点经验都没有，我不想让我妈再插手，但我也没能力自己处理，所以，特别沮丧挫败，感觉自己毫无价值。"

听着真让人难过啊！

做父母的，如果一直以自己的意志为中心，充当孩子人生的"管理者"，满足了居高临下的管理快感，却错失了让孩子成长和犯错的机会。在这种环境中长大的孩子，一定会在现实中经受更多的磨砺、挫折，甚至会丧失做自己的勇气，没有存在感、没有价值感，一辈子活在父母的手心里，委屈、窝憋，不敢反抗。

要想成为孩子的"帮助者"，就要学会以孩子的所思所想为中心，充分尊重孩子的感受和观点。试着用这样的口气和孩子展开对话："孩子，你想过什么样的人生？爸爸妈妈愿意尽可能地帮助你。"以"帮助者"的姿态和孩子聊聊他/她的一切，包括学业志向、爱情向往、人生规划。相信我，你一定会听到不一样的答案，不管它们是否符合你的设想，都给予尊重。这才是一个"帮助者"应有的姿态。

第四，是分享者，而不是评判者

常常有家长和我说，他们的孩子上初中开始就不爱和他们说话了。家长想关心孩子，了解孩子在学校的事情，孩子总是会用这几个字来打发他们——"嗯，还行，凑合"。

对此，家长抱怨说，孩子一回家就躲进自己屋里，不到吃饭的时候不出来，吃饭的时候也是低着头不说话。这让家长们既觉得伤心，又有点害怕。伤心的是，孩子不愿意和他们亲近了；害怕的是，和孩子越来越疏远，对孩子的情况会变得一无所知。

首先，和父母的适度疏远是青春期孩子的正常成长现象。对此，不必大惊小怪。但是，家长也需要及时进行自我反省——是不是一直在扮演"评判者"角色，导致孩子不愿意搭理自己了？

不用问孩子，问问自己，我们这些成年人喜欢和什么样的人交往聊天呢？

我们喜欢这样的人：与我们有共同的兴趣、乐于分享，喜欢听我们说话、不会瞎提意见、不会胡乱评判。

家长和孩子的沟通是什么样的呢？对孩子的兴趣要么一无所知，要么无比轻视，和孩子交谈只有一个话题：成绩，成绩，成绩！从来不愿意听孩子分享感受，动不动就批评、论断孩子，还特爱给孩子提意见，总想显得自己比孩子懂得更多、道德水准更高。

试想，如果家长以这样的面目出现在成人世界，谁会和你交朋友啊！

唯独在孩子面前，我们不愿当一个平等的"分享者"，想成为一个居高临下的"评判者"。面对孩子，我们总觉得："我是你爹你妈，当然有权力评判你！"

这样的角色错位自然会让孩子远离、逃避，谁想和一个动不动就教训指责人，还特爱讲大道理的人多说话呢？

成为一个好的"分享者"并不容易，既要有耐心倾听对方的感受，做到无分别心地接纳；也要有敞开心扉的勇气，告诉孩子你的真情实感，敢于让孩子知道你崎岖坎坷的心路历程。要真诚地与孩子交流，像面对知心朋友那样，跟孩子分享你自己从失败和挫折中学到的人生功课。

只有内心强大的家长才愿意成为和孩子平等的"分享者"，这样做的前提是我们已经与自己和解，内心那个批判的声音不再搅扰我们，对于发生在孩子身上的一切才有接受的胸怀。因为，你对孩子的种种不满，其实是你不满意自己的折射。

我曾经和儿子分享过自己年轻时的一段经历，告诉他我当年的挣扎和痛苦，也告诉他那段经历让我改变了许多。后来，他也给我讲了一段他自己埋藏很深的经历，里面的曲折难以想象，却让我更了解我的孩子，和他的心更亲近了。

那次的聊天，让我豁然开朗。原来，抛开学习成绩和学校排名，我们有那么多更深刻、更有趣的话题可聊，这样的分享让人有"被看见""被疗愈"的满足和舒坦，参与分享的两个人的生命，都会因这样的倾诉和聆听而悄悄改变。

我为自己有幸"看见"和"被看见"而庆幸不已。

父母的人生定位，从"施恩者""教育者""管理者"和"评判者"，转变为"感恩者""陪伴者""帮助者"和"分享者"，不是一朝一夕就能做到的。我在转变的漫长过程中，既有灵光乍现的顿悟和醍醐灌顶的开窍，也有反反复复的思索和一不留神的倒退。但是，自从我把这个人生角色的转向当作目标，并且深信这样的改变对于孩子、对于我，都将意义非凡，我就不曾有过一丝犹豫和后悔。

当然，这本书也是我转变之后的一份小答卷，我尝到了角色改变给我们的母子关系带来的甜蜜果实，也希望为正在寻找理想的亲子关系模式而努力的各位父母，奉献一个小样本，如果能对各位有启发，那我会满足又开心。

成为"可有可无"的父母

<1>

十几年前，我儿子三四岁的时候，有一天他熟睡之后，我躺在他的旁边看一本美国教育家写的育儿书，书里的一句话映入眼帘："所谓成功的父母，就是努力在将来的某一天，成为孩子生命中可有可无的人。"

"可有可无"，这四个字一下子刺痛了我！

看着身边熟睡的儿子，他的小脸蛋红扑扑的，他安然入睡的样子让我觉得——他是那么柔弱，那么招人怜爱，那么需要我的保护，但这个"所谓的"美国教育专家却要我努力去做孩子生命中"可有可无"的人！

"不！坚决不！"我在心里呐喊，"我要永远做儿子生命中最重要的人！不可或缺的人！我可不要什么可有可无！"

尽管如此，我还是强忍着内心的抗拒和难以抑制的伤感看完了这段文字。

之后，我思索了很久，最终不得不默默地承认——这位专家说的是对的。

亲子关系是唯一以"分离"为导向的亲密关系。恋爱关系、伴侣关系、夫妻关系，都是以"聚合"为目标的，人们在经营这些关系时，都会以"更长久地在一起"为目的。而亲子关系则是以"将来能更好地分离"为目的。换句话说，一段好的亲子关系，最终的结果一定是——在未来某一天的、非常高质量的分离；反之，一段糟糕的亲子关系则会让双方痴痴缠缠，冲突不断，甚至在父母有生之年都无法实现和孩子真正意义上的分离。

孩子在长大成人后，能够离开父母、另立门户，能够做到经济上自给自足，心灵上成熟独立，并有能力独自承担相应的社会角色。这就实现了健康的、高质量的分离。而那位教育专家所说的让父母成为"可有可无"的人，正是孩子健康成长、展翅高飞的最好证明。

遗憾的是，时至今日，相当多的父母在这个问题上存在着极大的认识误区。他们像对待其他亲密关系一样对待亲子关系，希望能够和孩子长久、亲密地在一起，不能接受与孩子分离。为此，他们不惜以剪掉孩子的"翅膀"为代价，让他们无法远走高飞。

不少父母非常害怕自己会成为孩子生命中"可有可无"的人。他们根本不知道，这才是成功父母的标志。他们拼命要在孩子的生命中占一席之地，甚至暗自希望孩子离了他们活得不好，这样，就无法和他们分离。当然，这种扭曲的心态他们未必自知自明，常会一口咬定是因为孩子需要才无法和孩子分离。

凡是死死抓着孩子不撒手的父母，都会以葬送孩子的成长为代价。而无论先知先觉，还是后知后觉，凡是愿意和孩子主动分离的父母，收获的不仅是孩子的健康成长，还会得到和孩子更加深厚的亲密感，以及一种真正有益于孩子人生的、更高形式的参与感。

当接受孩子终将远离我们独自踏上人生旅途这个事实后，父母应在以下三方面提醒自己——

第一，孩子总会自己面对人生，你不可能照看他/她一辈子，与其晚放手，不如早放手。

第二，孩子终究会有他/她的人生，你必须安排好自己的人生，让孩子放心地远行，这才是对孩子的祝福。

第三，孩子不是你的伴侣，能一直陪伴你的只能是你的爱人；所以，经营好夫妻关系才是你的人生要事。某种程度上说，夫妻关系大于亲子关系。

< 2 >

从看到美国教育专家那段话的难忘夜晚，到今天我成为"可有可无"的父母，十多年的时光如白驹过隙。回想自己在这个问题上的思考和实践，我很欣慰、很自豪，也有一点点后怕。如果当年没有看到这句话，没有看懂这句话，没有认可这句话，没有努力实践这句话，很可能我和儿子的关系不会像现在这样融洽、舒服，各自安好；说不定，我性格里过强的掌控欲，以及我和母亲关系中的不良印记，会给孩子的成长带来数不尽的折磨和痛苦。

事实上，成为"可有可无"的父母并不是无为而治，也不是对孩子放任自流、不管不顾，而是在另一个方向或维度上、对自己的高标准严要求。毫不夸张地说，成为"可有可无"的父母，比做"死不撒手"的爹妈要难得多。

在儿子上幼儿园、小学、初中、高中和大学的不同阶段，我的很多努力或放弃，都是为了——成为"可有可无"的母亲。

在孩子成长的不同阶段，妈妈们会有不同的烦心事和闹心事。作为职业女性，工作上的挑战本就让人焦头烂额甚至欲哭无泪，再面对孩子一个接一个的成长难题时，心乱如麻甚至恼怒怨恨，都是正常的反应，妈妈们不必为此过分自责。

这些情绪反应我都经历过，有的时候会因分身乏术陷入深深的自责，有的时候会觉得谁也帮不了我而怨天、怨地、怨社会。痛定思痛，我开始了心理学的学习，我不希望在无奈和愤怒的两极荡来荡去，我想好好享受和孩子在一起的时光，也想更好地平衡养育孩子和事业发展。

父母想要成为孩子生命中"可有可无"的人，在孩子不同的成长阶段，要用心完成不同主题的功课。

孩子学龄前，父母功课的主题：别因为孩子，忘了夫妻相爱

孩子学龄前需要照顾的地方很多，孩子也会很黏人，很多妈妈在这个阶段不知不觉就把孩子他爹排除到亲密圈之外了，她们会和孩子的姥姥讨论孩子的健康饮食，会和别的妈妈讨论孩子的早教，甚至和没生孩子的闺密也有的聊，但就是和孩子的爸爸没话说了。

这不是一个好信号。如果从这个时候起，就把孩子放在你们家庭关系的中心，孩子的父亲由于家庭分工而被排挤在外，他会因为缺少参与感而倍感失落，也会因妻子的忙碌和冷落而落下"病根"，使夫妻关系由疏远走向冷淡。

夫妻关系大于亲子关系。从这个阶段起夫妻双方就应该对此达成共识。特别是做母亲的，真爱孩子，就要给孩子创造爱的环境，夫妻亲密营造出的融洽氛围，是孩子成长的甜蜜激素，没有任何副作用。

这个时候疏远丈夫，疏于经营夫妻关系，最可怕的后果还不是丈夫的离心离德，而是孩子的心理健康受到影响。母亲过于严实、封闭、专注的爱，不仅排斥了孩子的父亲，也缩小、勒紧了孩子的心灵成长空间。

更重要的是，这样一种"寡母式"的抚养模式，会在时间的作用下，让母子关系、母女关系变质。可以试想一下：一位母亲，由于抚养孩子而付出过多，甚至以"撵走"孩子父亲为代价，那做出如此巨大"牺牲"的母亲，将来怎么会甘心做自己孩子生命中"可有可无"的人？

有一位做了母亲的女士曾对我说过这样的话："我本来和老公就没多少话可说，有了孩子后，正好不用理他了。每天忙孩子就够了，省得还要没话找话。"

当时，我对她说的是："正是因为有了孩子，你又那么在乎孩子，才要学着没话找话，借着孩子和孩子他爹慢慢地亲密起来。"

我经常夸张地描述处在学龄前阶段的孩子，说他们有"通灵"的能力，他们可以不借助语言、声音、图像，单凭感觉就知道：妈妈情绪怎样，妈妈和爸爸关系怎样，这个家是安全还是不安全……面对这样一个"小精灵"，父母们就放弃那些自以为是的伪装和表演吧，孩子什么都知道。

好好经营夫妻关系，除了共同关注孩子的一颦一笑、吃饭睡觉，夫妻双方的内心也是需要彼此用爱关照的地方。

孩子上小学，父母功课的主题：听孩子讲话，别替他拿主意

儿子上小学后，突然变得特别能说，放学回家后，经常是嘴巴不停地说个没完。他在学校经历的大事小事，对他来说都是新鲜的第一次，所以，回来后和我分享是必需的。

他的讲述内容之丰富、庞杂、无序和有趣，超出我的想象。有时候，我一边做饭，一边低头看着这个依偎在我腿边、仰着头、小嘴不停地说啊说的小不点，一边不住地在心里惊叹："生命好奇妙啊，从牙牙学语到口若悬河，没几年的工夫啊！"

我回应孩子"倾倒式叙述"的方式很像相声演员里捧哏的角色，一边认真听，一边选择性地说出经典的捧哏套词儿："好家伙！""真的吗？""我的天哪！""真不敢相信！""那可了不得！"

在孩子事无巨细的话语轰炸之下，我这种回应方式既不费力，又和他的情感有共鸣，成为他保持高昂谈兴的"打气筒"。通常，在声情并茂的"今日学校之三国演义"之后，他都会累得躺在小床上，心满意足、安安静静地看他的《米老鼠画报》。

孩子在述说的时候，需要的就是回应，听就对了，不要那么在意里面的信息——成人往往会过度解读孩子的话——也不用急着去评判，甚至给孩子拿主意。

比如，他说："某某同学把老师黑板砸坏了。"我就说："好家伙！"接着他说："老师通知家长了。"我就说："那当然！"他又说："他家长答应给学校赔钱。"我回应："后来呢？"他说："后来就上课了呀！课间的点心有一个豆沙馅的，可好吃了！"

我不会说："你看，小朋友破坏公物可不好。"我也不会吓唬他："你可不敢乱砸东西，砸坏了还不得妈妈去赔。"

因为，这件事他在学校已经学到他该学到的了，现在只是和我说说而已，没必要小题大做、一惊一乍。

有时候，他会有烦心事。上三年级时，有一次，他对我说："那个某某某，上次玩游戏不带我们玩，这回我们几个小朋友组织了一个新队伍，一起玩游戏，他非要加入我们。"我没有指点教育他说："小朋友要团结啊！他想参加你就应该团结人家啊！"我只是重复他的话："哦，他非要加入你们？"他说："对哦，好烦人的！"然后，他就一脸心事地走了。

我克制了自己追过去给他排忧解难的冲动，心想，也许这是他学习解决人际关系冲突的开始。第二周，他回来后说："我同意某某某加入我们的队伍了！"我有些好奇："你说来听听！"儿子说："我觉得，一个队伍里一定要有几个精英，这个某某某，算一个。"小小年纪，竟然能从全局考虑，不计前嫌。让他自己有这个思考过程，比我贸然给他出主意好多了。

孩子上初中，父母功课的主题：让孩子自己决定考第几名

我儿子上初中后，明显不爱学习了。这一点曾让我无比恼火又无比焦虑。

他的班主任找我谈话："你孩子的兴趣很多，就是不爱学习，这样下去成绩肯定越来越靠后啊！"我像所有听到这消息的妈妈一样，一点都不淡定——孩子刚上初中就不爱学习，这辈子还能有啥指望？真是心急如焚，但又无能为力。

我和儿子认真谈了几次，发现他对这件事的看法完全出乎我的意料——他竟然一点都不在乎。他给出的理由让我大吃一惊。他说："我同桌成绩排前三名。他课间不出去玩，把课堂笔记从这个本整理到那个本，周末回家还上补习班，听说都累得失眠了。我可不想和他一样，为了成绩好，把大好时光都耽误了。"

听听！这是什么歪理邪说？大好时光不就是要好好学习吗？你每天睡得倒是挺香，可就你那成绩，怎么还好意思睡觉？

幸好，这只是我的内心独白，并没说出口——我担心这种虽然刺耳但不乏坦诚的交流被我的粗暴指责切断。

我窝着火躺在床上，仔细想着孩子的话，他没有说错什么，他只是告诉了我他的选择，尽管这个选择不是我期望的。他选择损失成绩或者说排名，去换取玩耍、交友和好的睡眠。

"他有这个权利吗？"我问自己。半晌，我在心里咬着牙承认："他有。"这可能是我这个非主流妈妈，和很多妈妈不一样的开始——允许孩子自己决定考第几名，允许他自己决定为学业付出多大的努力；并且，让他自己承担决定的后果。

我当然希望孩子成绩优异，将来可以毫不费力地考上名牌大学。但是，我知道，比这些更重要的，或者说，更能影响孩子人生幸福的，是他和父母的关系，以及他对于自己人生的决定权的大小。

如果我说，我这样做是不想因小失大，各位妈妈会赞同吗？

北大心理学老师徐凯文近几年在做关于名校里的"空心人"的研究，非常触目惊心。徐老师的调查显示，很多名校生在光环的笼罩下，内心因缺乏方向感、意义感而异常空虚，有的出现了抑郁、自杀倾向等严重症状。他们中的很多人都是从小到大的尖子生，但是，他们成长的每一步都是家长设计好的，他们从来没有权利规划自己的人生，以至于上了北大、清华等名校以后，突然迷失了方向，失去了存在感，变成了"空心人"。

可能有人会说："只要孩子能上名校，这些我都不在乎。"

但是，我在乎，我在乎儿子的幸福，大于在乎他的成功。

每当看到儿子现在的自立和成熟，我就忍不住要为自己当年的决定点赞。

孩子上高中，父母功课的主题：允许孩子反抗父母

上高中的孩子和谁都聊得来，就是和自己的爹妈没话说。

我儿子刚上高中时也这样，周末回家闷声闷气，和我说话连眼皮都不抬。我很害怕孩子自此和我变得疏远，拼命想把他拉回来，有时候近乎讨好地问长问短、嘘寒问暖，他一副油盐不进的样子，软硬不吃。有几次气得我掉眼泪，他爸也经常怒火中烧，扬言要好好教训教训他。

有段时间，每到周末，家里再也不像他小时候那样，因为有他变得欢声笑语；反而因为他这个长着小胡子、耷拉着脸的半大小子回来，气氛变得格外阴郁。我和他爸既不想和他闹别扭，也不想待在家生闷气，所以每到周末就开车去京郊散心。那大半年里，我们去了十三陵、潭柘寺、怀柔、雁栖湖、密云水库、居庸关长城以及之前没时间去的好多风景名胜。后来，这段经历成了我们家的经典笑料。

郊游的路上，我们俩聊了很多。我分享自己在心理学课堂上学到的理论，他讲述自己从半大小子成长为成熟男人的趣事和糗事。理论和实践在这个让我们焦头烂额的时间点上相遇，产生了奇妙的化学反应。这些分享和分析，让我们看到了改变的曙光。

我先生说我："孩子长大了，你没有长大。他已经是一个 15 岁的孩子了，你却还是一个 5 岁孩子的妈。你的表达方式不是孩子期望的。"他结合自己当年和他母亲我婆婆发生冲突的案例，进行"模拟教学"，让我体会一个青春期男孩的苦闷和挣扎。

我也从很多心理学理论上找到了我自己的思维误区，看到自己因害怕和孩子分离，反而吓跑了孩子。当然，对于孩子的一些叛逆举动，也有了全新的理解，不仅觉得可以接受，甚至觉得是有助于他成长的好事。

有一次，儿子要出门会同学。他要先吃饭后冲澡，而我希望他先冲澡后吃饭——吃完饭头发就干了，出门不会感冒。没想到他反应激烈，瞪着我说："这事你也管？我想先吃饭为什么不可以？"我被噎得说不出话，是他爸打了个圆场才没冲突起来。

儿子出门后，我先生说："会不会感冒没那么要紧，大小伙子没那么娇气，你的关注点太婆婆妈妈。之前我们讨论，这孩子性格有点懦弱，希望他能勇敢些，长大后敢于反抗权威。如果他连你这个中年妇女都不敢反抗，将来怎么反抗真正的权威？"

先生的话把我逗乐了。我说："好吧！那就从反抗我这个中年妇女开始吧！"

从那时起，我从心里认可了这个观点，并且深信，这样的反抗训练，对孩子的性格塑造会大有裨益，之后的事实也证明了这点。

孩子的勇敢和决断，才是父母放手的前提。

孩子上大学，父母功课的主题：学会放手，切忌过度关心

2015 年，儿子考上美国一所排名还不错的大学。自此，他真的成为远在千里之外的"假期孩子"了。我们的联系因为有微信而变得格外方便，但是，我却有意不那么积极主动和他联系。

听说有的妈妈在孩子上大学后要求每天视频，孩子不厌其烦常以网络不好推托。我就更坚定了和孩子保持距离的想法。

有时候，想孩子了，算好时差后，我会给他发一个我和他爸快乐游玩的合影，告诉他："我们很好，也很想你。"只要他有回应，我就安心了。我不希望让他以为我们除了思念他就没有自己的生活，也不希望让他感觉时时刻刻被父母监督着。

其实，出国读书挑战很大，我一直戏称这些留学生有三座大山压着，学业的压力、金钱的压力和思乡的压力，哪个都不轻松，父母能帮上忙的地方不多，就不要再添乱了。

有很多职业自由的妈妈一厢情愿跑到国外陪孩子，孩子不仅不领情，还对妈妈的管教多有反感，听到这些妈妈的吐槽，我心有所感，就和儿子有了一次对话。我问他："如果妈妈想过去看你，你高兴吗？"他说："高兴。"我又问："如果我把去看你的花费折成钱，打到你卡上，就不去看你了，你会不会更高兴？"我儿子哈哈大笑，说："是的！"他的回答让我很放心，他敢于说真话，说明我有听真话的肚量，而且，他不需要我的陪伴，也说明他越来越自立了。

这样的沟通方式，他轻松，我也轻松。

与此同时，我还坚持一个原则，那就是对孩子的事，无论学业成绩、交友情况、爱情动态，可以关心，但无须过度关心。

我不希望用我的过度提问来表达我的牵挂，担忧并不会变成祝福，他已经过了 18 岁，有能力为很多事情负责。如果有需要，他也许会向我们求助，也许不会，那是他的选择。只要他知道，我们在这里，一直在这里，就足够了。我无须用不断的提问、过度的关切、没来由的担心来让他为难。

现在，我儿子马上就上大四了，看起来自信、乐观，很喜欢自己所学的传媒专业，喜欢和他爸聊新科技，和我聊新电影，也会因为功课、友谊或者爱情的苦恼和我畅谈。但我始终知道，他是在和我分享，而不是向我汇报。最关键的，他似乎越来越不需要我们，他能搞定越来越多的事。渐渐地，我们不再是他的"后援团"，而只是他的"啦啦队"了。

这是我多少年前立志成为"可有可无"的父母时，最希望看到的。

陪伴是最长情的告白

< 1 >

孩子小的时候，心思常常在妈妈身上，而且，能毫不费力地读懂妈妈的喜怒哀乐。客体关系心理学讲到，即便是婴儿，也能对养育者的心理活动以及情绪保持极其敏感的感知能力，他们能够透过抚养者的表情、声音、肢体动作，来感知养育者的内在状态。稍大一些的孩子，对于养育者，特别是母亲的情绪格外敏感，也格外在乎。

我在儿子小的时候，对此一无所知，以为孩子就是孩子，不会懂那么多，也不会那么敏感，我心里想什么，他怎么能知道？只要我不表露出来，他怎么会知道我不开心？

那时候，我虽然很爱孩子，也愿意花时间陪孩子，但常常是人在心不在。和孩子共处时，我静不下心，好像国事、家事、天下事，事事操心，实际上，不过是杂念乱飞、妄念丛生。

我常在陪儿子玩时走神——小孩子极其敏锐——他会捧着我的脸说："妈妈，你看着我，你要看着我。"我应付他："宝贝，妈妈一直看着你呢！"儿子却坚持说："妈妈，你没有看我。"

孩子说得对，虽然我的目光在他身上，但我的心已被无数杂念、妄念蒙蔽。他玩他的，我想我的，他因为我的走神而玩不到心上，我因为思绪乱飘，一分钟都没有享受看着宝贝儿子玩耍的那种幸福和满足。

这是我在儿子长大后最最后悔的事，我错过了许多这样的时光，这是无法弥补的错过，以至于每次梦到，我都会甜蜜好久，又伤感好久。

现在，我儿子已经是 21 岁的大小伙子了。以一个过来人的身份回看过去，我才发现，原来，我和孩子之间最值得珍惜和回忆的就是我们之间的互相陪伴，我曾经以为无比重要的那些事，都不能和这种陪伴的感觉相提并论。在他离家出国上大学之前的那些年，我们一起共度的欢乐时光才是最无价的，那是能够滋养我们灵魂的宝贵经历。

如果时光可以倒流，在儿子上幼儿园时，我不会在他吃早饭时没命地催催催，而是带着欣赏、耐着性子，看他拿着小勺往嘴里送饭的笨拙样子，心里美滋滋地想："这个小家伙，怎么会这么可爱！"然后，在他沾满饭粒的小脸上冷不丁地亲一口。

如果时光可以倒流，在儿子上寄宿小学只有每周末才能回家时，我不会在周末不停地要求他写作业做习题、听英语背课文，而是陪他吃饭，陪他看电影，陪他看动画书，听他讲学校的趣事，晚上临睡前搂着他讲故事。

如果时光可以倒流，在儿子上初中进入青春期叛逆时，我会立场坚定地和他站在一起，在他和老师过不去、和世界过不去、和自己过不去时，做他最坚定的同盟和最温柔的港湾，我会悄悄告诉他："宝贝儿子，妈妈一直在陪着你。你在寻找自己，别着急。"

如果我知道，他那么快就会长大，我会在能够陪伴他的时候，更加用心；在他需要安慰和鼓励的时候，多多地给予。我会欣赏他的存在本身，不挑别、不抱怨，好好享受我们在一起的每一分每一秒。

< 2 >

很多妈妈可能会说，我没有不珍惜，我整天都陪着孩子，送他/她上下学，陪他/她上兴趣班，陪他/她写作业，陪他/她吃饭……为了陪孩子，我都没有自己的人生了，还要怎么陪啊？！

很多家长觉得，只要待在孩子身边就是陪伴，却没意识到：送孩子上下学的路上，你一直在唠叨孩子；陪孩子写作业时，你一直刷手机；和孩子一起吃饭时，你心不在焉——对孩子的感受毫无体察、对孩子说的话毫无反应。

这样的举动并不是真正的陪伴，只能说是无效的低质量的陪伴，根本不会滋养父母和孩子，也不会让双方感受到爱意的流动。

心理学家研究发现，**对于 3 ~ 11 岁的孩子，父母参与度过低的陪伴，反而会给孩子造成负面影响**。在和父母的互动中，孩子需要积极的、正面的回应，如果感觉到父母敷衍了事，或心烦意乱，孩子就不会和父母建立感情的连接，也不会感受到被爱、被关注。

只有当我们放下所有的要求、控制、评价，只是单纯地看见对方当下的样子、当下的感受，并愿意和这个真实的人在一起分享时光，这样的陪伴才是真正的、高质量的陪伴。

怎样才能做到高质量的陪伴？

有两个值得学习的方式和法则——犹太人的"海沃塔"教育方式和台湾亲子教育的"123"法则。

海沃塔（Havruta），是犹太家庭传承千年、培养了无数杰出人士的教养秘诀。

Havruta 的意思接近英文单词 fellowship，即伙伴关系。这种学习方式通常两人一组，通过提问、回答、对话、讨论来研究、学习某个问题。在犹太家庭里，每个人从胎教开始直到临终，都会处于"海沃塔"的学习氛围之中。

周末的安息日，是犹太家庭的聚餐时间，更是全家一起"海沃塔"的时间。犹太家长不会叫小朋友"好好吃饭别说话"，而是会边吃边讨论各种问题，既加强了亲人之间的感情，又能通过讨论，培养独立思考、终身学习的习惯和能力。

海沃塔是犹太家庭传承的学习方式，也是犹太精英家庭中父母和孩子的聊天模式，他们的聊天不是唠家常、聊闲天，其实是父母有意识、有计划地在固定时间和孩子进行深刻的对话，进行头脑风暴。

犹太父母会在吃饭时和孩子讨论各种问题，也会在送孩子上下学的路上进行有深度的谈话，还会在其他特意选择的时间，对孩子进行有针对性的培养和教育。

海沃塔包含三个核心因素：倾听和表达，探索和聚焦，支撑和挑战。这三个核心的关键在于，父母不评判地接纳以及父母的参与度——这两个关键点决定了父母对孩子的尊重，对孩子无条件的爱，这对建立孩子的高自尊至关重要。

如果你问一个犹太人什么时候最幸福，大部分人都会回答——和家人一起、在餐桌上畅所欲言、分享亲密谈话的时光最幸福。

海沃塔让父母和孩子平等交流，除了脑力激荡带来的乐趣，孩子还能感觉到父母的尊重、关爱，会更有自信，而家长则会逐渐意识到孩子有自己的独立人格和思维，家庭氛围当然更加和睦、民主，亲子关系必定融洽、亲密。

"123"法则是台湾家庭教育界对亲子陪伴最有效的研究成果。

所谓"123"法则，就是每天 1 次，每次 20 分钟，父母和孩子做 3 件事的任意一件。3 件事包括：一起读书，一起玩游戏，一起聊天。

多年的实践证明，父母如果每天按照"123"法则进行一次高质量的亲子互动，比毫无诚意、心思散漫地和孩子待在一起好几个小时，效果强一百倍。

能够在孩子的生命轨迹上留下印记的就是我们的用心陪伴，而高质量的陪伴不仅意味着时间的投入，还意味着陪伴者的心无旁骛和感同身受。孩子开心时，因为你的陪伴，愉悦的感觉久久不会散去；孩子难过时，因为你的陪伴，心痛的感觉不再难以忍受。孩子终归要长大，但是，高质量的陪伴会让孩子的每一步都走得扎实平稳，有底气、有方向，不怕寂寞、不怕摔跤。

＜3＞

很多妈妈像我当年一样，从孩子出生起，就每天提着气过日子。我们着急，就会不断催促孩子；我们焦虑，就会总是挑剔孩子。看起来，我们的忙碌都是为了孩子，但是，我们却忘了在某一个时刻，停下来，从忙碌繁杂的事情中抽离出来，思考一个比眼前这些事情重要得多的问题，那就是——在我们和孩子的关系中，最该珍惜的是什么？

最该珍惜的是：我们有幸成为一个孩子的母亲，然后，在养育他／她的过程中，重新领略生命的初始和成长；和孩子一起，度过近20年亲密相伴的美好日子。无论我们对孩子担心焦虑，还是自豪骄傲，这都是俗世层面的烦恼或快乐；如果不能超脱地站在更高的时空，看待我们和孩子在这一生、这一世，几乎是偶然的相遇和陪伴，我们就怎么都不会了悟，这机会和缘分已经无价——拥有就好，别无他求。

孩子渐渐长大后，再看那些曾经让我着急上火的事情，没有一件和我当时的激烈情绪和暴躁反应是匹配的，全都是小事。对这些小事的过激反应，让我们这些当妈的，失了从容、丢了理智、忘了根本。

我们太想让孩子符合自己的期待，我们心里怀着太多唯恐孩子不能满足我们期待的恐惧，以至于根本看不到孩子的好。我指的是，每一个孩子身上天然具备的那种无须刻意表现、不加修饰的生命的美好。

我为错过这些美好而深深后悔，特别希望孩子尚小的妈妈们，能够经常从对孩子琐碎小事的挑剔和对未来的担心中抽离出来，好好体会这个小生命的神奇魅力。

有个周末，在一个购物商场里乘电梯时，一对母子引起我的注意。小男孩背着书包，可能要去楼上某个教育机构上课外班，他刚上小学的样子，一直噘着小嘴偷偷瞄他妈妈，他妈似乎在为什么而生气。

我们在同一层下电梯，小男孩说："妈妈，一会儿我不想上英语班了，我想和你在一起。"

那个妈妈立即发飙："你少给我来这套！你说不上就不上了吗？你怎么这么不懂事啊？！你知不知道，你上这个班花了妈妈多少钱？"

看着勃然大怒的妈妈，小男孩委屈得眼泪在眼眶里直打转，一声都不敢吭了。

我当时真有一种冲动，很想拦住这位年轻的妈妈，对她说："亲爱的，别急！你先冷静一下，没什么大不了的，孩子少上一节英语课什么都耽误不了，请你相信我。"

我还想告诉她："你肯定爱你的孩子，可你却不想听他说话，你的眼里没有这个孩子，只有你的恐惧。如果你真的能看见他，就能看见他多么想和你真正地待在一起，他想让你了解他，想让你听他说话。"

但我什么都不能做，我没有权利去对一个素不相识的女性说教。

我很难受，为这个完全无视孩子的妈妈，为这个委屈得不敢哭出声的小男孩，也为曾经的我，以及当年被我忽视和指责的儿子。

这个孩子的妈妈肯定很辛苦，工作一周了，周末还要陪着孩子上英语班，她觉得自己已经是全力以赴地在陪伴孩子了，可孩子并没有感觉到被妈妈陪伴的幸福，他心里充满委屈。

也许，英语课的难度是他应对不了的，他感到不适，希望妈妈能帮助他；

也许，他在英语课上遭遇了不公平对待，老师、同学或别的什么人，令他感到不适，他想躲开那个不舒服的环境；

更有可能，他突然觉得上英语课没什么意思，就是想和妈妈多待一会儿，毕竟，妈妈平时太忙了……

这些，他一个小孩子是没有能力准确地表达出来的。

如果这个妈妈能真正看见她的孩子，能从孩子的眼神里读懂孩子的心事，她会停下匆匆奔向英语教室的脚步，蹲下身子，看着孩子的眼睛，对他说："宝贝，是不是不舒服了？"

然后，拉着他的小手，告诉他："那今天咱们就不去了，我和老师请假，你不用担心。妈妈也想和你多玩一会呢！"

接着，带他去他想去的麦当劳、肯德基、必胜客之类的地方，不教训孩子，不谈学习和功课，母子俩好好享受一顿晚餐。看着小家伙陶醉无比地吃着薯条、汉堡或者比萨，嘴角还沾着番茄酱。

这样母子俩互相陪伴的温馨时刻，比一堂英语课对孩子的成长更有意义啊！

< 4 >

杭州拱宸桥小学曾发起一个别开生面的倡议——

所有学生家庭要设立"抬头日"，请家长们放下手机，抬起头来，给孩子全心全意的时间，让孩子切身感受到爱的专注。

由此可见，从手机或各种繁杂的心事中抬起头来，真正看见孩子、用心陪伴孩子，这已经成为需要学校倡议家长才能意识到的事情了。

很多家长不明白——

陪伴，不是陪同，不是看管，不是物质满足，更不是说教和监督；

陪伴，是全身心融入孩子的内心世界；

陪伴，是真诚地接纳和欣赏，是给孩子满满的安全感和正能量；

陪伴，是建立起与孩子沟通的桥梁，用心倾听孩子的快乐、悲伤、苦恼、困惑……

我当年没有做到的，很多妈妈现在也没有做到。

我们的内心塞满了奇奇怪怪的烦恼，既有对孩子前途的担心，也有对自己未来的焦虑，根本没想到，身边的小家伙很快就会长大，能陪他的时间并没有我们想象中那么长、那么多。

比起那些似乎没完没了的功课，妈妈给予孩子的全情关注、用心陪伴才是最宝贵、最无价的，因为，这才是对孩子的成长至关重要的东西。

"孩子长大的速度比我想象得快多了！"

很多儿女已成年的母亲对这句话一定深有同感，孩子尚小的妈妈们总是不以为然。所以，每当遇见年轻的妈妈们像我当年一样，看不到身边那个小生命的纯然美好，不懂珍惜，不会陪伴，要么漫不经心，要么昏头昏脑地拿一些世俗的标准为难孩子、破坏关系时，我就忍不住想以过来人的身份唠叨两句：

年轻的妈妈们，总有一天，你的孩子会长大，到那个时候，你现在无比看重的东西，可能就不再重要，你现在忽视的、错过的，也许永远没有机会再弥补。你真的要和我有一样的遗憾吗？

不要拒绝孩子伸过来的小手，不要拒绝孩子想和你偎依亲热的渴求，不要拒绝和孩子一起做他们喜欢的事。看着孩子，还要看见孩子，人和孩子在一起，心更要和孩子在一起。在你有机会陪伴孩子的时候，全情投入、尽情享受，因为，孩子很快就会长大，这样的机会逝去就不会再来。

如果你的孩子尚小，现在就把你的宝贝搂进怀里，告诉他/她："妈妈想陪你玩一会儿，给你讲故事，陪你做游戏，一起看动画片，你喜欢干什么，妈妈都会陪着你。"

也许，你会看见这世上最美丽的一道光，就在你的宝贝的眼睛里。

爱的五种语言

<1>

在和孩子互动时，很多妈妈特别爱强调"我是多么地爱你"或是"我为了你舍弃了很多很多"。用这样的方式表达爱，经常会出现"妈妈声泪俱下，孩子无动于衷"的尴尬局面。

妈妈当然会觉得寒心。孩子呢，除了被指责"没良心、不懂事、不领情"而觉得委屈，更委屈的恐怕是自己从来没感受过妈妈所宣称的这种爱吧！

所以，如果不会表达，爱就成了一种"听说过，没见过"的神秘东西。在亲子关系中，一方坚持说自己给了，一方坚持说没收到，双方怎么会从相互的给予和接受中感到彼此情感连接的增强呢？

做母亲的，不能像一个懒惰又失职的"卖家"，当"买家"因为迟迟收不到货而难过甚至抱怨时，还蛮横地来一句："反正我已经发货了，没收到是你的事，而且，你还必须付款。"

家长总期望孩子用感激和领情来回馈自己，哪怕人家压根儿没收到"货"，即你说的那种叫"爱"的东西。

说到如何表达爱，不得不提到这样一本书:《爱的五种语言》。

这是美国著名婚姻治疗专家、基督教牧师盖瑞·查普曼博士的著作，被译成49种文字在全球发行，十几年来的累计销量突破一千万册。我和我先生的沟通因为这本书而获益良多。我在做婚姻课程时，也曾经用很多课时来帮助学员夫妻如何用"爱的五种语言"来表达爱意。

同时，我也惊喜地发现，把从这本书上学到的示爱方法运用到更广泛的人际关系中，包括亲子关系中，很多沟通难题也能迎刃而解。

心理学家说:"感觉受人所爱是人类最重要的情绪需求。为了爱，我们可以攀登山岭、横渡海洋、穿越沙漠，甚至忍受数不尽的困苦。一旦没有了爱，山岭无法攀登、海洋无法横渡、沙漠无法穿越，而且人生中的困苦更是无法忍受。"

在《爱的五种语言》中，查普曼博士说:"每个人心里，都有一个情绪的箱子，等着被填满爱。"这就意味着，若一个人的"爱箱"是满的，就会觉得幸福;反之，"爱箱"是空的，就会觉得空虚难过。情感"爱箱"是被填满了还是被空置着，会导致人的生命状态、行为举止截然不同。

我在养育孩子的很多年里，曾经因为不会表达爱，不懂得孩子感受爱的方式，给孩子造成很多伤害，也错失很多和孩子共情共鸣的亲密时刻。在我学习了"爱的五种语言"后，我向儿子发出的爱的信号再也没有丢失过，他每次都能准确地接收到，并且给了我特别鼓舞人心的反馈。

而他，因为常常感受到我的爱，"爱箱"渐渐变满了，生命状态发生了很大的改变。之前，我曾无数次试图用我的方法改变他，都以失败告终；当我放弃这种想法，只把关注点放在"让他感受到我的爱"时，他反而自发自觉、轻轻松松地完成了成长的蜕变。这让我惊喜连连。

我们既然口口声声宣称自己爱孩子，就一定要让孩子感受到这种可以胜过任何情感需求的"受人所爱"的幸福，学习爱的表达方式就显得格外重要。学习"爱的五种语言"，就是学习如何表达爱，并且了解怎样的方式是对方最在乎的、最喜欢的，然后，投其所好地示爱。

"爱的五种语言"是什么呢？它们分别是：肯定的话语，贴心的礼物，精心的时刻，服务的行动，以及身体的接触。

< 2 >

首先，我们说说"爱的语言"中最容易被中国人轻视的"身体的接触"。

在幼年时期，双亲的抚爱，特别是母亲的抚爱，不仅对孩子的身体发育、皮肤健康以及由触觉所带动的整个感知能力的提升起着促进作用，而且，在促进孩子的心理健康发育方面尤为重要。父母长辈经常性的爱抚，能使成长中的儿童从心理上获得安全感，启迪对爱的珍视与寻求，从而在与他人交往时具备较高的亲和力。

如果我们因为忙碌或情绪不好，疏于用身体的接触来让孩子切实地感受到爱，孩子就无法确信自己是被爱着的。他们太小，你不能让他们去理解这样一段话："妈妈这么忙、这么累，还不是为了给你多赚钱；现在妈妈累了，想休息休息，你别这么不懂事，自己乖乖地去玩。"孩子只会感到不被关注、不被爱，不仅自身心理会产生严重的不安全感，变得自卑、怯懦、欺软怕硬，甚至会因嫉妒他人能够获得爱抚而生发不理智的报复行为。

科学家发现，孩子需要每天进行皮肤间的接触才可以更好地发育。仅是一块 5 分硬币大小的皮肤上，就有 25 米长的神经纤维和 1000 多个神经末梢。这就为通过触觉传达信息，奠定了生物学基础。

20 世纪初叶，就有心理学界和医学界的专业人士提出了"皮肤饥渴症"的概念。他们发现：一个人如果在成长早期很少被抚摸、被拥抱，和亲人之间缺乏自然的"肌肤之亲"，他／她就会出现所谓的"皮肤饥渴状态"，心灵也会陷入孤独的困境；他／她长大以后，不会用正常方式表达爱意，不会和他人正常友好地发生身体接触，也不愿意与他人分享生命的快乐和忧伤。

很多研究表明，有"皮肤饥渴症"的人，有的喜欢和人发生肢体冲突，青少年时期可能很爱打架；有的则在进入恋爱和婚姻关系后，要么冷漠、孤僻，和爱侣缺乏爱的互动，要么动辄对爱侣施以拳脚。这些可能都源于成长早期没有得到来自亲人（特别是母亲）的足够爱抚，年龄越大，他／她就会把和人亲近的渴望压抑得越深，用很多"变态"的方式舒缓渴望，让别人难受，自己也不快乐。

带有爱意的身体接触，特别是抚爱，对于一个人来说是非常重要的生命体验。在孩子的生命早期，这是母亲最应该给予孩子的美好体验和记忆。这也是让孩子一生幸福的预备课，是为他 / 她能在长大成人之后表达爱、接受爱所预埋的幸福接口。

儿子刚出生时，我对于用抚摸表达爱还没有清晰的认知。偶然在一个婴儿护肤油的宣传短片中了解到，抚触有助于婴儿健康。于是，我开始每晚临睡前用一点点婴儿油给小家伙按摩，我发现，随着我的手在他后背上慢慢滑动，孩子的表情会从安静变得满足，然后整晚都睡得特别香甜。

他学会说话后，经常主动要求我给他按摩，他会奶声奶气地说："妈妈，你能不能给我按摩一摩？"每次都逗得我哈哈大笑。当时我只知道他很享受我抚摸他的身体，还不知道"身体的接触"是一种重要的"爱语"。后来我又发现，只要我把他抱在怀里讲故事，他就特别安静、乖巧，眼神里闪着明亮动人的光，讲着讲着，我不经间亲亲他的小脸蛋，他就一定会用小嘴回我一个香香的吻。

回忆这样的浓情时刻，我才明白，原来，来自妈妈爸爸的拥抱、亲吻、抚摸，对于孩子来说，是最不用解释也最不会被误解的爱的表达。

一转眼，儿子长大了，他上大学后，我们家的老传统也没丢。哪怕他只是出门和同学吃了个晚饭回来，他爸给他开门后，都会先抱他一下。而我，则会在和他吃饭聊天时，不经意间摸摸他的脸，摸摸他的手，或者故意胡噜胡噜他的头发。我们都很享受这样的亲昵，爱的抚摸有时远胜语言的表达。

我儿子性格沉稳坚定，和朋友相处谦让有礼，也非常善于表达感情。我想，我们当年给他预埋的幸福接口应该都用上了，在他以后的人生中，这些接口应该还会有更大的用处呢！

< 3 >

"爱的五种语言"中，还有一种叫"肯定的话语"。

这一表达方式很多人都格外在乎。在孩子渐渐长大之后，这个爱的语言会变得越来越重要。

"肯定的话语"内涵很丰富，如认可、赞赏、鼓励、包容。只要你的话语中带着这样的情感，对方就一定会感到爱。配偶之间互相需要，孩子对父母也有殷切的需要。

很多家长，都会在不经意间对孩子说出与"肯定的话语"截然相反的话，家长们自己在成长阶段也听到过许多来自老师或父母的含有否定、贬损、失望的话，我们不喜欢别人对自己这样讲话，却偏偏学会了这样伤人的表达。

要知道，对一个人来说，被认可和被肯定是他的核心需要，特别是获得重要关系人的认可和肯定，甚至是很多人一生的隐秘追求。

父母当然是孩子的重要关系人，来自父母的认可和肯定是孩子成长的最重要养料。有了这些，他就会不畏艰险、不怕挑战，愿意尝试新鲜事物，愿意挖掘自身的潜能。

总之，他会因为不怕失败而变得格外勇敢。

我儿子小的时候，当我告诉他："宝贝，妈妈上班回来本来很累很累，可一看到你，就一下子不累了。你说说，你为啥这么厉害啊？"

我儿子喜滋滋地说："妈妈，因为我想你了啊！"

他当然回答不出我的问题，但他一定觉得自己是有价值的，因为"妈妈一看到我就不累了"。

他长大之后，我们常常会聊聊影视剧或时事方面的话题。每当他发表了观点后，无论是否和我一致，我总会强调："儿子，你的这个观点对我很有启发，你这么爱思考让妈妈很开心。"

儿子喜欢和我聊天畅谈，和我们有共同爱好有关，也和我总能对他说出"肯定的话语"有关。

很多时候，我们要发自内心地、用语言清楚地表达对孩子的赞赏和肯定，孩子不会因此骄傲，只会在感到被认可之后，内心安定，更加上进。

用语言表达欣赏的前提是，父母要有一双发现的眼睛。如果你觉得自家孩子样样不如人，看不到孩子任何的闪光点，就很难说出"肯定的话语"。

经常有一些母亲因为和孩子冲突不断而向我求助。听她们讲自己的孩子，简直是"恶贯满盈"——这不好那不好，似乎她们全靠伟大的母爱在维持这段关系。

但是，见到孩子后，我经常惊叹，这么可爱的孩子，他们的妈妈怎么就看不到呢？在我眼里，这些孩子值得夸赞表扬的地方太多了，他们却很少被母亲和父亲肯定。

有位妈妈的话特别有代表性，她说："每到我儿子睡着的时候，我最爱他。看着他的小脸，那么天真，那么安静，我心里有浓浓的母爱，可他一醒来，一闹腾，我就烦死他了！他怎么就那么不听话，那么不乖，我真的好绝望啊！"

其实，很多家长对孩子的不认可就源于和这位母亲一样的想法——孩子没有按照我的意思来，如果他／她可以一直像"睡美人"一样，不折腾、不调皮、不捣蛋，我是可以爱他／她的。

你是否问过自己，这样的孩子真实吗？还是活生生的人吗？孩子按照自己的想法或哭或笑、或吵或闹，这才是生命本来的样子，可以稍加规范，但接受和欣赏才是家长最需要做的。

想要看到孩子的好，就必须先把那些"别人家孩子"的标准扔到一边，比如，常常困扰家长的：孩子学习不好，爱贪玩，经常被老师告状，吃饭喜欢说话，爱玩游戏……如果这些都是家长不能忍受的缺点、毛病，那夸赞孩子还真有点张不开嘴。

也许，学会把那些所谓的"好孩子""乖孩子""有出息"或者"像个男孩样""像个女孩样"之类的标准统统扔掉，你才能清清楚楚地看见自己的宝贝：他／她是那么独特（也许不那么乖）、那么鲜活（也许有点调皮），他／她和别人家的孩子不一样，有好多稀奇古怪的想法，也许不能在和别人攀比的时候帮你占上风，但他／她就是他／她，独一无二，因着你所不能懂得的生命奥秘成为你的孩子。

这，还不够吗？还不够你用欣赏、探索的眼光看着他／她，并由衷地发出赞叹和肯定吗？

< 4 >

"爱的五种语言"中还有三种表达方式：精心的时刻、服务的行动和贴心的礼物。每一种都值得做父母的认真学习。我的体会是，在学习的过程中，最挑战我们的就是要在孩子面前保持谦卑和柔软的态度。

很多人在成为父母后，就会生出一种没来由的傲慢——

觉得是自己创造了这个生命，对于这个生命自然就拥有绝对的控制权；

觉得自己是在全心全意地爱孩子，无论做什么，都一定、肯定、必定是为了孩子好；

认为上述两点是铁板钉钉、不容置疑的。

这样的傲慢，会让为人父母者无法谦卑地去学习如何向孩子表达爱。他们会觉得，爱孩子是父母的天性、本能，爱的表达无须学习和操练。

心理学家告诉我们："没有父母是不爱自己孩子的"这句约定俗成的"老话"其实是一种"谎言"。这个真相可能会摧垮我们做父母的自恋幻想，但却有助于我们成为更合格、更成熟的父母。

其实，父母爱孩子不是本能，孩子爱父母才是本能。

孩子如果不爱父母就无法存活，生物学的规律决定了孩子必须爱父母，必须赢得父母的爱，才能从出生后柔弱无助的婴儿，慢慢长大成人。

父母爱孩子的能力是需要慢慢学习的。

当你承认自己不是天然地、本能地爱自己的孩子，知道自己不一定会表达对孩子的爱，那么，学习"爱的五种语言"，就不再是什么难事。你会自己找寻到无数种让孩子感觉到温暖、感觉到被爱的好方法。因你的丰富表达而受到激发的孩子，也一定会给你更多的惊喜回馈。

当你为了和孩子共处的周末而精心安排了很多活动时，当你用心在生活上给予孩子很多关注和照顾时，当你在特别的时刻给孩子送上贴心的礼物时，你会发现，孩子会呈现出真正被爱滋养过的模样——眼里有光，皮肤发亮，自信、勇敢、爱分享，而且，愿意成为更好的自己。

"爱的五种语言"中，没有哪一条是凡人不可及的高难动作，对于父母的金钱、学识、地位都没有任何要求。只要你愿意柔软下来，俯身下来，看见孩子、听见孩子，你就会学到这五种能对亲子关系产生深远影响的"爱的语言"。

期待你和孩子的关系因着你的改变开启新的篇章。

Part 2

心课堂

妈妈心理越健康，
孩子成长越快乐

　　父母的心理健康水平，与养育孩子的能力成正比。这是很多人没有意识到的。不少爹妈在孩子身上特别舍得花钱、花精力，但是，对于自身的心灵成长却甚少关照。孩子上了很多提高竞技能力的补习班、才艺班，却没有从和父母的关系中得到最需要的心灵滋养。因为，当爹当妈的，尚且是心灵上的贫困者，怎么可能对孩子进行滋养？

　　相对于孩子的父亲来说，孩子母亲的心理健康可能和孩子更有关联，也更需要格外重视。毕竟，在孩子的成长早期，如婴幼儿时期和童年期，妈妈和孩子的互动更频繁，孩子对妈妈的需求也更强烈。而一个人的心理健康状况以及成人之后的个体发展状况，都和生命早期与最亲密的抚养者之间的关系有关，即和妈妈的心理健康关联很大。

可以毫不夸张地说，妈妈心理越健康，孩子成长越快乐。甚至可以更大胆地说，某种程度下，妈妈的心灵成熟度，对孩子长大成人后的身心健康和成就高低，会起到决定性作用。

重视自己的心理健康和心灵成长，是每一个妈妈的当务之急。

修复原生家庭的创伤

<1>

有很多年，我都陷在对母亲的怨恨中不能自拔。

母亲的严厉让我的童年缺乏暖色。尤其是，在我 12 岁时，母亲突然收养了一个儿子，并因此对我在情感上更加忽视，在行为上更加挑剔。这些，曾让我们的母女关系冰冷如铁。

我为此痛苦了多年，也因此在婚前就下定决心——绝不做母亲那样的母亲。

然而，令我不敢相信的是，我早年在养育孩子过程中的很多做法，其实和我的母亲如出一辙。虽然表象不同，但实质相同，那就是对孩子情感需求的漠视。

我在修复自己的心灵创伤之前，根本没意识到，我已经习得了母亲的教养模式。那种给我带来很深痛苦的教养模式，在潜意识中被我传承下来。换句话说，在修复创伤前，我缺乏对我母亲那种教养方式的觉察和反思，自然也缺乏给自己的孩子提供心灵滋养的能力。特别是，我根本没有意识到，因为纠结于不健康的母女关系之中，我让自己在很多年里都散发着悲观情绪和负能量。而我自身的这种状态，对于跟我在情感上息息相通的孩子来说，本身就是一个巨大的心理包袱。

在系统地学习了心理学之后，我慢慢有勇气揭开自己的内心伤疤，开始了艰难的治疗之旅。

我渐渐地有了"看见"的能力。我看见——

被我敌视的母亲，其实也是在缺乏关爱和滋养下长大的可怜孩子，而且她比我要痛苦得多。我还可以从父亲身上获得父爱，这极大地弥补了我的情感缺失。而外公和外婆，都对我母亲极度忽视，特别是外公，父权思想浓厚，在家庭里极看重自己的威权，毫不理会对女儿的伤害。母亲直到白发苍苍时，也没能从这种痛苦中解脱出来。

母亲把她的情感缺失，归罪于自己不被重视的性别，所以她才会在两个女儿十来岁时，突然借着收养一个儿子来医治创伤，不惜给家庭带来不必要的冲突，不惜让亲女儿多年打不开心结。

可怜的母亲在她自己毫无觉察的情况下，把伤痛带给了我和妹妹，而她试图让自己摆脱痛苦所做的种种努力，并没有让她的创伤获得真正的医治。

当我开始觉察到曾经的创伤经历不仅损害了自己的身心健康，也给我与孩子的关系造成不良影响的时候，我的儿子已经8岁了。我积极寻求改变的动力，就是不想让我从母亲那里习得的错误抚养模式成为儿子日后的梦魇。

我找到了可靠的心理咨询师，把困扰自己多年的、梦魇般的经历倾吐了出来。心理咨询师的专业疏导给了我巨大的支持和鼓励，也引导我走出了思维局限的死角。

通过很多次的治疗、日积月累的成长，我慢慢从纠缠不清的母女关系中解套了，量变的足够积累实现了质变的飞跃，我有了化蛹成蝶的改变。

在这个过程中，我的儿子也一天天在长大——在我破茧之前，他承受了我这个内心郁结的母亲给他施加的情绪压力；在我蜕变之后，他享受了我这个成熟母亲给他的爱的滋养。

这个过程给我带来的思索是：没有对上一代不健康的抚养模式的反思和清算，就不会有崭新的、健康的亲子关系的诞生。

< 2 >

我母亲曾经对我犯的错，以及我曾经对儿子犯的错，在中国很多家庭里都有程度不同的相似表现。总结下来其实就是以下两大问题。它们极易对下一代造成巨大影响，却常常被父母忽视。

第一，和原生家庭界限不清

直到现在，我母亲都对我外公家的事给予"最优先"待遇。她虽然在那里遭受了很多歧视、不公，但却不愿在成人甚至成家之后，和他们保持恰当的、安全的距离，她的情绪、情感，全部的喜怒哀乐，都是以她的原生家庭为轴心，以至于她在很多年里，不仅忽视了伴侣，也冷落了孩子。

我也做过同样的傻事，一直不愿和原生家庭分清界限，对父母家里的事过分上心，不仅时时想讨好我妈，甚至对她养子的生活也尽力关照。我的主次不分让我忽略了伴侣的感受，也在很多地方亏欠了孩子。毕竟，人的精力是有限的，我不是三头六臂，尽管把自己忙成了陀螺，但优先次序的错位使得我们小家庭的内部关系在很多年里重心不稳。

成为妻子，女儿的身份就要弱化；成为母亲，更要从原生家庭里更多地抽离，努力在自己的家庭里做幸福快乐的第一创造者和首席维护者。这是很多年后我才慢慢意识到的。

不会和原生家庭划清界限，让我心力交瘁地忙里忙外，却没有看到那个几乎要全部仰赖我的关爱和照顾才能生存下去的小生命，一直因为排序靠后，而不得不蜷缩在角落里，暗自伤神。他只能等着，等他的养育者忙完了她娘家的事，才有可能顾及他。如果，他的妈妈被原生家庭榨干了精力，他就只能在情感中一直饥渴。

我妈当年那么做，是因为她想用她的努力换来父母的认可，换来他们对"重男轻女"的反思和后悔，看到她作为女儿的价值。她的过度付出是希望被父母重新发现。

她的期望当然落空了。

我也如此。因为被忽视，所以更要刻意表现。心灵没有成熟到敢于承认母亲缺乏爱的能力，就只能否定自己被爱的价值。一个不认为自己值得被爱的人，当然要拼命在人前证明——我很优秀，我很能干，我没那么差。

好在，我通过治疗、觉察、学习、成长，看到了我在原生家庭拼命表现的深层心理，然后，学会了转身、脱身，厘清边界。这才为我全力以赴操持自己的家庭赢得了足够的时间和精力。特别是，我终于懂得把情感重心转回到儿子的身上，让他可以安心地享受妈妈本该给他的全部的母爱、全情的关注，以及全身心的照顾和陪伴。

第二，没能力让自己开心

我记忆中的妈妈，总是不开心的。她不是没有笑过，而是，她的情绪底色甚至生命底色都是灰暗的。她的阴郁、伤心像一朵朵乌云，很多年笼罩在我和妹妹的心头。以至于，有时候，如果她连着几天甚至一周，没有情绪失控，没有找碴儿训斥我们，我和妹妹就格外紧张，害怕这几天的太平会积累更大的失控。

她很多时候并不是成心要这样做，也并不是有多么不满意我们姐妹俩。她其实是没有能力让自己开心。她也不知道，作为母亲，让自己开心是一种责任，也是一种能力。因为，只有母亲常常是开心的，孩子才敢放心地成长。

记得我结婚之后，有一次和我妈聊天，我说："您总这样看起来不太开心的样子，我们就会很担心，以为我们是不是哪里没做好，又惹您生气了。"没想到我妈毫不理会我的关切，非常粗暴地说："我开心不开心又能怎么样？你们姐俩该干吗就干吗去，别一天到晚钉着我！"

她一直不能明白，每一个孩子的心底都渴望母亲可以常常开心，面带笑容，即使孩子们都长大成人，也会把母亲的笑脸当作对自己的奖赏。

我也犯过和母亲同样的错，因为没能力让自己开心，让孩子背上郁郁寡欢的情绪包袱。

我在生了孩子之后，从原来的报社辞职，告别了稳定优越的工作，在商海驰骋，每天的工作挑战很大。再加上和原生家庭的纠缠不清，使得我常常紧锁眉头、愁容满面。当时，我根本没意识到自己也陷入了情绪的苦海，和我妈一样。

有一天，我利用周末难得的空闲陪 3 岁的儿子逛公园，那天天气极好，公园风景极好，我的心情也极好。在拉着儿子的小手漫步林荫小道时，他不知怎么说了这样一句话："妈妈，你要休息休息，这样你就不会总是这么不开心了！"我当时诧异极了，因为我彼时彼刻很开心、很放松，和宝贝儿子共享周末简直让我心花怒放呢！我问他："你觉得妈妈不开心吗？可妈妈今天特别开心啊！"我儿子严肃地摇了摇头，说："妈妈，你不知道你是不开心的，我知道。"

听到这里，我怔住了。儿子的话太像个哲人说的了！他说得对，我一直是不开心的，就算我拉住他的小手努力表现得很开心的样子，笑脸下也藏着许多心事。我以为骗得了自己，却骗不过母子连心的孩子。

那一刻，我特别感动，也特别内疚，感动于小小年纪的儿子因为对妈妈的爱而洞察力非凡，内疚于自己竟然让这么小的孩子因为对妈妈的担心，而不能敞开心怀享受童年的快乐。

我从来没有想到，我让我的孩子困在了我当年的困境里，担心母亲，又无能为力。我曾因母亲的不开心而默默怪罪自己，我在儿子含着泪水的眼神里，也看到了本不该他承担的东西。

让自己开心是一种能力，不是那么快就能掌握的。好在，经过多年的努力，我做到了，我开心的笑脸是送给逐渐长大的儿子的一个礼物，这个礼物是要告诉他："宝贝，做你自己想做的事，成为你想成为的人，不用惦记我，你妈我好着呢！我有很多让自己开心的事要做，特别是，能够成为你的妈妈，已经让我很开心了！"

< 3 >

没有哪个人的童年是毫无缺憾的，所有人的成长经历都会有阴影存在，认识到这点，就不用对"揭开伤疤"这件事讳莫如深，意识到自己的伤痛，就不要再讳疾忌医。

把灰暗的童年在想象中涂上金色，假装自己从未被不公平对待过，只会让痛苦持续得更久，殃及下一代的可能性更大。

做母亲的，在成为母亲的那一刻，就有责任让自己迅速成长起来，以便更好地担负起为母之责。而修复原生家庭的伤痛，是成长中最难、影响最为深远的功课。

我们回溯过去，不是为了清算父母，而是找到让我们受伤害的那个错误的情感逻辑，并且从意识层面上批判那个逻辑，而不是批判自己的父母。这样，我们就不会一方面对造成伤害的父母耿耿

于怀，另一方面却又对他们的错误逻辑进行传承，让自己的孩子承受我们当年的苦。

我接触过很多对自己的人生不满意的母亲，她们把生活的重心都压在孩子身上，虽然心里想的是，我当年受了太多委屈，不能让我的孩子再受一点委屈，我要努力让孩子幸福快乐！可她的行动却和给她造成伤害的父母如出一辙——父母禁止她和相爱的人结婚，她禁止孩子早恋；父母不许她报考喜欢的专业，她逼着孩子学不喜欢的钢琴；父母经常为柴米油盐吵闹不休，她为孩子周末上不上补习班和孩子他爹大吼大叫……

母亲的心理健康和孩子的成长关联甚大，而母亲自己在人生早期的经历对她的心理健康影响甚大。如果，不能修复原生家庭给母亲带来的创伤，她会在不健康的心智模式下毫无觉察地重蹈覆辙，甚至会给孩子带来更大的伤害。

我的母亲虽然是一名医生，她却没意识到早年她和父母的恶劣关系让她的心理处在不健康的状态，也由于那时候心理学的不普及，让她无法得到及时的帮助和治疗，以至于她的一生充满痛苦，给我和妹妹也造成多年的心理阴影。

时至今日，心理学在中国的普及比早些年进步太多了，成为母亲的女性，也许再也不用独自一人扛着许多难言的苦难，大家有许多方式来得到帮助和治疗。心理咨询师的面对面咨询，心灵成长小组的沙龙式学习，心理学书籍以及心理学公众号的科普文章，都会帮助到那些愿意改变、愿意成为心理健康的母亲的人。

真希望每一位母亲都能意识到：你在自己的心理健康上的每一分投入，都会获得孩子成长的十分回报。给孩子花钱请家教不是不重要，但绝对没有给孩子"换"一个健康、快乐的妈妈更重要。你在自己身上的这些舍不得，最终会让孩子用身心不健康和发展受挫来买单，孰重孰轻，一目了然！

你没有那么爱孩子

＜1＞

　　做母亲的，最不愿承认的就是自己有时候其实并没有那么爱孩子。她们也不是在内心没有一点怀疑，而是，不敢面对这个真相。

　　从某种角度来说，有杂质的情感才是真实的、自然的。爱里会掺杂恨，掺杂埋怨，掺杂嫉妒，无论对爱人还是对孩子的情感，都不会是百分之百纯粹的。作为母亲，否认这点而高估自己的母爱，会让人在自我美化中头脑发热，对自己的一些"非爱"的情感和行为缺乏反思，因而对孩子造成伤害。

　　有一个母亲和我分享了她的经历。

　　她有个女儿，很优秀，也很懂事，别人常常夸赞，可她却觉得没什么可夸的。在家里，孩子的爸爸很疼女儿，女儿和爸爸关系也很亲近。

　　这位女士说，她一直觉得自己的严厉是为了让孩子更好地成长，尽管这份严厉已经破坏了她们的母女关系。她在很多年里一直一意孤行，丈夫劝她，她听不进去，反而怪丈夫过于娇惯，对孩子成长不利。

女儿青春期后，和母亲的冲突愈演愈烈。这位女士觉得自己的苦心没有得到理解，母爱没有得到报答和感谢，气愤并伤心。她感到满腹的委屈，不仅对孩子充满怨气，对向着女儿的丈夫也非常不满，家里为此争吵不断，她和女儿的关系僵到互不理睬。

为了从痛苦中解脱出来，也希望可以拥有和女儿更加和谐的关系，她参加了一个心灵成长小组。在导师的带领下，她对内在的自我有了很好的觉知，对母女矛盾的反思让她看到了一个被埋藏很深的真相。

她告诉我，在小组分享中，她第一次说出自己从来不敢面对的自我省察。她说："我在一次次回避之后，不得不承认，我和女儿的关系之所以一直很紧张，是因为我对女儿的嫉妒。"

她从小父母离异，父亲不尽父责，偶尔见面还言语粗暴——她几乎从未感受过父爱。女儿一出生，温柔尽责的丈夫对孩子百般宠爱，也教导有方，孩子成长得很好。这本来是值得高兴的事，但看到女儿轻易就得到了她自己从来未曾拥有过的浓浓父爱，她嫉妒了。

但她根本不敢承认自己对女儿的爱里掺杂了嫉妒，也丝毫没意识到，是嫉妒转化成了对女儿的苛刻和挑剔；所以，每一次对女儿的为难，她都有着十足的理由和高尚的借口，甚至打着爱的旗号。这让她理直气壮。她以为，她所做的一切都是出于爱，女儿就应该对她理解并感激。

可惜，她骗得了自己，却骗不了女儿。她的女儿无辜地承受着母亲的敌意，小时候只敢暗自伤心，长大后就开始公然反抗。

在这样的觉察之下，这位母亲不仅看见了她自己的内在小孩——那个在离异家庭艰难成长、被父亲忽视的小姑娘，她也看见了女儿这么多年受到的伤害。

她看懂了：女儿的反抗，其实是对一直缺失的母爱的呼唤。

这样的觉察，让她们的母女关系发生了质变，彼此间达成了理解和信任，亲密度有了飞跃般的进展。

当她识别出对女儿的情感中含有"嫉妒"这一攻击性情绪后，她不再对自己的挑剔那么义正词严了；当她向丈夫和女儿坦承，自己因为缺乏父爱嫉妒女儿被父爱包围后，她得到了父女俩深切的理解和同情。家庭里对峙的局面很快就破解了。

< 2 >

我第一次觉得我妈没有那么爱我，是在上初中的时候。

中考要报志愿，我想上高中、考大学，但我妈却希望我去上中专，考中师或幼师。她的理由是我身体不好，不适合考大学。在她看来，这件关系到我未来人生的重大事件上，理所应当要由她做主，我本人毫无自主权。她觉得她是完全出于爱我，才替我做了最好的决定。

我当然没有反抗的能力，更不敢质疑母亲的爱，只得遵从。只不过我中考失利没考上中专，因祸得福，才得以上高中、考大学，从事了自己真正喜欢的工作。

那一次，十几岁的我，对于妈妈宣称的爱和自己内心感受的反差印象深刻。我不敢相信自己的直觉："这根本不是爱啊！如果是爱，怎么会不为我考虑？怎么会不允许我做决定？又怎么会让我这么难受？"我只能把怀疑深深地压在心底。

美国心理学家斯科特·派克说："**真正的爱的本质之一，就是希望对方拥有独立自主的人格。**"那么，任何和这个原则违背的行为就不是出于爱。

我觉得：我妈不允许我为自己的人生选择负责，其实就是不鼓励我拥有独立自主的人格；她不想让我考大学，是因为上大学有可能去外地，更有可能分配到外地，她希望我能留在她身边，哪怕这样会让我失去进入大学深造的机会和未来更好的发展可能。

我想，正是因为对这些行为和动机的理解存在着巨大分歧，才造成了我们多年不断的母女冲突。

其实，每一位母亲都要接受这样一个现实，你爱孩子没有你爱自己更深。这并不可耻，也无须愧疚，这只不过是每一个人的生物本能。承认这点，会让你在经历一些不适和沮丧后，用全新的视角重新审视你和孩子的关系，帮助自己成为一个更体谅孩子，也更有能力爱孩子的母亲；坚决否认这点，反而会让你沉迷在毫不客观的自我美化和自我悲情中，因缺乏自我省察而固守刻板和僵化，对于自己的情感杂质拒不承认，不自省、不成长，和子女的关系越来越冷淡。

那些敢于正视自己的情感杂质、承认自己没那么爱孩子的母亲，因为视角客观，和现实的反差不大，她和孩子的关系可能更健康，最起码是相安无事的。这类母亲避免了最坏的一种可能，那就是用所谓的"无私母爱"来要挟孩子。

对于孩子来说，他们并没有奢望百分之百纯粹的母爱，他们更希望彼此能真诚相待，特别是，当他们的感受和母亲的自我标榜有冲突时，他们更愿意尊重自己的感受。换句话说，既然母爱没有那么纯粹，那么请母亲大人不要无视真相、自欺欺人，总期望孩子用感激涕零和绝对服从作为对母爱的高额回报。

若干年后，当回想自己成长过程中和母亲的种种冲突时，我意识到：我们矛盾的根源不是我不能接受她不纯粹、不完美的爱，而是她时常带着利己动机对我行事，却始终把自己置于"圣母"般的制高点，只要我不服从，就对我进行道德谴责，毫不客气地在外人面前给我贴上"不听话""不懂事""不孝顺"的标签。

做了母亲之后，因为这些曾经的经历，我对"是否可以给予孩子足够的母爱"持非常谨慎的态度。我没那么自信，也想给自己留点余地，别让孩子因期望过高而失落。

因为这种谨慎，我对自己某些时候在爱里面的情感杂质才有了觉知。比如——

在特别疲倦的时候，我更愿意泡个热水澡放松一下，而不是强打精神陪孩子玩；

在孩子因表现不佳而被老师投诉后，我会满腹怨气，但不是为孩子着急，而是为自尊受挫而生气；

在为孩子的未来筹划时，我也会不知不觉地把满足自己的虚荣心当作首要参考因素……

你看，这就是一个正常母亲的正常心态，我并不因为承认这些就觉得自己不配做母亲，我也不觉得那些自以为"母爱爆棚"的人就比我更爱孩子。

相反，敢于面对内心情感的复杂，让我不会在孩子面前扮"圣母"，也从来没有声泪俱下地控诉孩子不知感恩。当我承认爱自己比爱孩子更多一些时，会因为更接近事实，所以不至于因自我美化而失去起码的判断力。

不得不说，对自我的判断力，以及剖析亲子冲突真正原因的能力，是不少母亲都缺乏的。她们之所以没有勇气承认自己没那么爱孩子、承认自己情感里有杂质，是因为她们没有能力接纳自己内心的真实和复杂。

< 3 >

亲子关系中，母亲的角色至关重要，母亲的自我认知能力对亲子关系的发展和走向会起到决定性作用。

自我认知，简单说就是对自己的了解程度。尽管我们的灵魂每天都占据在自己的身体里，但我们并不那么了解自己。"我"和"自己"的关系，也是一种人际关系，而且是所有人际关系里最重要的一种。

我们和别人相处，如果了解对方，就更容易信任和理解对方，更愿意合作与支持。而更多的时间，我们其实是和自己相处，所以我们对自己的了解尤为重要。了解自己是一生要做的事，每多了解自己一分，你对世界的认识就更清晰一分，你对他人的理解也增加一分。

很多方法可以较快地帮助我们提高自我认知能力，比如，撰写心灵自传，进行人格测试，做一些心理学答卷，等等。

心灵自传是写给自己的，不用考虑他人的眼光，越真实越有助于了解自己。

有专业人士这样建议，把自己的人生分为六到八个部分，按时间阶段划分，每个阶段写出八到十个事件，这些事件要对你的情感、性格、生活轨迹、人际关系都发生过重要影响。比如，难忘的成功时刻，遭受打击的失败，情感上的波折，命运的转折点，以及其他记忆深刻的事件。

罗列事件很费时间，更具挑战性的是分析事件。要针对每个事件，回答下面三个问题：

1. 这件事给你带来哪些认知和想法上的变化？

2. 这件事给你带来哪些情感上的冲击或影响？

3. 这件事和现在的你有什么关系？或这件事如何塑造了现在的你？

撰写心灵自传难度很大，耗费时间也不会短。你要拿着手电筒在你的内心深处一个角落、一个角落地走一遍，有些地方你有印象，有些地方你很熟悉，也有很多地方你无比陌生。因此，刚开始撰写心灵自传时，你可能会感到不适甚至恐惧，回忆和分析的过程中，你的情绪波动会很大，也许会眼含热泪，也许会悲愤难抑。总之，绝不会轻松。

如果你能做完这个浩大的工程，你获得的将远远超过你艰苦的付出。你会有觉醒，有顿悟，你会发现一个全然不同的自己，你会对自己有更多的谅解，也会对周围的人，包括父母、配偶、孩子有更多的理解。

也许，这是你和自己达成和解的一个很好的方式。

而你与自己的和解，对于你和孩子的关系至关重要。一个不了解自己、不原谅自己的母亲，对于她的孩子来说，是一个让人不安的存在。总和自己较劲的母亲，往往会让孩子深受伤害。

当然，还有很多方法可以帮助我们提高自我认知能力——和心理咨询师的谈话，参加一些心理学工作坊，阅读有助于个人成长的心理学或其他方面的书籍、文章，和心智成熟的朋友交谈，等等，都会给我们一些了解自己的新视角。

为了孩子，原谅孩子他爹

<1>

20 多年前，林女士发现丈夫出轨，愤而提出离婚。刚一离婚，男方就迎娶新人。后来，林女士带着 4 岁的儿子再嫁，再婚后很幸福，儿子也改姓继父的姓宣告与生父家族的决裂。

尘埃落定，似乎难堪的过去已经彻底翻篇了。

然而，并没有。

多年以来，林女士并没有原谅前夫——他儿子的爹，那个才华横溢的画家。

这个爹的确有太多被人诟病的地方。

林女士前夫的出轨对象是她的闺密，林女士对这个闺密信赖如家人，和她谈过很多和丈夫有关的家庭琐事，每每被其细心开导后都心怀感激，还一直张罗着给大龄未婚的闺密介绍男友，却不料遭受丈夫和闺密的双重背叛。这样的伤害，让林女士痛彻心扉。

最让她无法忍受的，是前夫对亲生骨肉的漠视、冷淡。在长达十几年的时间里，他对儿子不闻不问，甚至，孩子的亲爷爷去世都没有通知孩子。

林女士一说起前夫就脸色大变，愤怒和不齿溢于言表。她的反应是人之常情，无可指责，换成我也会对此耿耿于怀。

在找我咨询的女士中，有很多和林女士一样，她们孩子的爹看起来确实是"渣男"。他们的恶劣行径对家庭、对妻子、对孩子造成了巨大伤害，不配被原谅、被饶恕，应该一辈子被钉在耻辱柱上。

但在这里，我要和大家探讨关于"原谅和饶恕"的话题。

我们且不做"婚姻破裂双方都有责任"的老调重弹，先假设"女方完全无辜、男方要负全责"。我们要谈的是，为什么在"男方全责"的前提下，还要努力去原谅那个似乎罪无可赦的家伙呢？！

只有一个理由，为了孩子。

你一定自认为比那个"渣男"更爱你们的孩子吧？如果你对孩子的爱不能让你迈出原谅和饶恕的这一步，那么，恕我直言，你所自诩的爱里，可能含了不少的杂质。你用你在这段关系中深受其害的感受覆盖了孩子左右为难的感受。

为什么这样说？下面我就细细解释。

继续刚才林女士的故事。今天，她的儿子已经长成20多岁的大小伙子了，留学美国回来后，在学业成绩非常不错的前提下，竟然无法靠自己的能力找到一份满意的工作。为此，林女士忧心忡忡，她总觉得儿子哪里不对劲，但就是找不到原因。

在外人眼里，她儿子天资聪颖，从小就表现出很强的艺术天赋——不得不承认遗传基因的强大，孩子的生父是个才华横溢的画家——他早早就出国留学，大家对他抱有非常高的期待。然而学成回国后，他的表现却让人心里直犯嘀咕。

这孩子虽然很有才华，却很不自信，看起来家教甚好，但眼神却总是游移飘忽。有两件事可以看出他因为父母的那段破裂关系而留下的后遗症。

第一，在他和女友相处的过程中，本来条件很好的他，在女友面前却表现得懦弱、胆怯，以至于经常被女友毫不客气地当众数落、贬低。亲朋好友见过多次后，不得不告诉了他的母亲。林女士知道后既心酸又不解，她恨铁不成钢地质问儿子："你也是一米八几的大男人，要什么有什么，谈个恋爱至于那么低声下气吗？"

第二，在亲友聚会的场合，林女士的儿子总表现得自卑、无趣、懵懵懂懂，完全不像一个年轻有为的青年才俊，没有锐气，没有主见，不招人喜欢。

林女士自然能看出儿子在众人面前的窘态，她既恼怒又无奈，可她自己也时不时地当着众人毫无顾忌地嘲笑儿子，在大家惊诧的目光里，自顾自地讲述儿子幼时的糗事，大家哄堂大笑之后，她看见儿子一脸落寞，又会母爱"爆棚"、一个劲儿给他夹菜，嘴里还不停地说："宝贝，你要多吃点啊！"恨不得喂到他嘴里。

林女士可能没意识到，她对儿子的感情其实很复杂。她超级宠溺这个儿子，但也会时不时地嫌弃他，没来由地羞辱他。她从来没有从外人的视角来审视自己作为母亲的真实样子，她也根本没有意识到，她那么宠爱、呵护的儿子，已经被她"折磨"得失去了自我。看过他们母子互动的人都心知肚明，大家隐隐地同情着她的儿子——这个在母亲的隐形攻击下一脸无奈、有苦说不出的可怜孩子。

< 2 >

下面，我就来分析一下林女士对儿子的感情。

她爱儿子，很爱很爱。她和前夫离婚时儿子才 4 岁，加上离婚后前夫对儿子的冷漠、无视，她更加想给儿子双倍的爱。

但是，她没有觉察和识别出，对于儿子——这个无论怎么改姓也无法变更血缘关系的前夫和她共同的孩子，她的心里除了浓浓的爱，还有隐隐的怨和恨。这些危险的情绪和她一直不肯原谅前夫有很大关系。

她对前夫出轨闺密的怨恨，很多年没有散去。这些积累压抑的情绪实际上一直在寻找出口。林女士漂亮能干、事业有成，她不愿意不顾身份地发泄这些情绪，一直在克制、隐忍。

但是，连她自己都没想到的是，儿子竟然成了她的秘密攻击对象。

她一直在用自己完全没有察觉的方式贬损、打击自己的儿子——当然，也是前夫的儿子。在这一点上，似乎是"父债子还"的"报应"。

儿子的外形，无论圆圆的脸庞还是胖胖的身材，都太像他亲爹了。看到他，怎能不想到那个伤她很重的男人？她给儿子改了姓，还总想让儿子减肥，似乎是想把儿子从他爹身上遗传下来的基因密码尽可能修改得少一些——这是她未曾觉察的潜意识。

林女士这些复杂的情绪，她的儿子都必须默默承受。

这个孩子太不容易了。小时候，他经历了父母的离婚大战，他的亲生父亲和母亲的闺密再婚后又生了两个孩子，几乎对他彻底放弃。这不仅是对过去夫妻感情的否定和对孩子妈妈的绝情，也是对这个孩子的不认可。这已然对他造成很大的伤害。

最让这个孩子无法表达愤怒的事情，还不是父亲的冷漠和自私，而是母亲爱恨交织的情绪。他对此怎么可能没有愤怒？怎么可能感觉不到母亲无法抑制的隐形攻击？但他还能怎么办？爸爸不要你了，幸亏有妈妈，这么多年含辛茹苦地抚养你，你怎么还好意思抱怨？所以，他只能选择温顺听话，做乖乖男，没有血性和脾气，对母亲百依百顺，对女朋友也言听计从。

其实，对林女士来说，这时候才补上"原谅和饶恕"这一课，已经有点晚了；但是，总比一辈子就这样让儿子在自私冷漠的父亲和余怒未消的母亲中间左右为难强吧？这迟到的一课，和孩子他爹毫无关系，和他当年多么"渣"、多么无情无关，和他现在有无悔意也无关，只和母亲自己以及她所深爱的孩子有关。

原谅和饶恕不仅意味着放弃批判的权利，还意味着对对方糟糕的人性要有悲天悯人的体谅。这一课，并不容易。

不是你没有权利声讨他、批判他，而是，你要主动放弃这个权利，放弃的原因也和他是否悔过无关，而是出于你对于他做出伤害行为时表现出的卑劣和无耻的怜悯。

做出这样决定的关键，不在于对方是否值得原谅，而是，我们要选择更加挑战的解决方式，用饶恕来释放被仇恨捆绑的自己。同时，更要顾及因我们的仇恨之火一直不能熄灭而被炙烤甚至烧伤的孩子。

看起来原谅和饶恕是放过了那些"渣男",实际上是放过了母亲自己。只有这样,积攒着怒气的妈妈才能治愈自己,消解掉原本那些复杂情感;而曾受困于这些"怨母"情感中的孩子,才能舒展身心,不再被对亲生父亲的恨和潜藏心底的思念揪扯,不再对母亲既感恩又敢怒不敢言。

如果,林女士能把这艰难的一课补上,让儿子可以坦然不愧疚地告诉妈妈:"其实,我还是经常会想起爸爸,我也很自豪自己在某些方面像他。"甚至,如果有机会让儿子和前夫以两个成年男人的方式见个面,告诉他爹:"我很好,希望你也好。我们之间曾经错过了很多美好的时光,但愿今后,虽不见面,但不再有恨。"

这样的结局,一定比现在好。那个时候,这个孩子的生命才会全然绽放。

< 3 >

现实生活中,很多夫妻在婚姻中会发生很严重的冲突,有些时候,丈夫的出轨、家暴、自私冷漠等行为会让妻子受到很深的伤害,造成感情破裂。

有些妻子选择妥协,保全家庭;有些妻子毅然和"渣男"离婚,从此老死不相往来。但问题的关键不是离不离婚,而是如何原谅和饶恕那个伤害你的人。

我和先生是朋友圈里公认的恩爱夫妻，但我必须承认，我在婚姻里也被丈夫伤害过，他对有些事情的处理曾让我很多年不能释怀。我和先生之间的冲突，比起出轨、外遇之类，算是级别小得多的事件，即使是这些事，都会让人耿耿于怀，可想而知，让遭遇重大背叛和伤害的女性主动迈出原谅的第一步，是多么不容易。

我在学习"饶恕的功课"时，了解到这样一个宝贵的信息，那就是——

饶恕是单方面的决定，无须对方的配合，也不需要以对方道歉认错为前提。

最初看到这样的教导时，我心里很不忿，凭什么啊？为什么啊？这不是太便宜那些伤害我们的人了吗？似乎，在对方没有诚心认错和悔过之前，原谅和饶恕是对他们的姑息和放纵。然而，接下来的学习让我明白：饶恕，其实是为了让自己获益，因为只有饶恕才能真正让我们从被对方伤害的噩梦中走出来。

在真实的婚姻中生活过的人都知道，被亲密爱人伤害的痛，是无法用语言描述的，面对这样的惨痛经历，似乎唯有用同样深切的仇恨或永不原谅来对待，才能平衡自己内心的苦楚。但是，如果我告诉你，你的绝不原谅，永不饶恕，会涉及你孩子的心理健康和人格成熟，你还会义无反顾地这样做吗？

我特别喜欢这句话：女本柔弱，为母则刚。我用这句话鞭策自己，也用这句话鼓励过很多在糟糕的婚姻关系中苦苦挣扎的姐妹们。

很多时候，一想到自己作为母亲的责任，我们就会愿意挑战自己，去做那些应该做而本不想做的事情，不仅仅是愿意天天不辞辛苦地为孩子做早餐，还包括愿意学习非常考验内心力量的"饶恕的功课"。

饶恕曾经深深地伤害过你的男人，只因为他是孩子的爹，这是身为母亲的女人们本不想做但又应该做的事，说得夸张点，这是我们的责任。

只有出于对孩子深深的爱，才会有决心、有勇气接受这样的挑战。

＜4＞

饶恕的过程不是短时间就可以进行完毕的，需要一步步地慢慢来。

第一步：承认伤害，表达愤怒

很多女人不愿意承认自己被丈夫的恶劣举动伤害，她们不想显得自己脆弱或对丈夫太在意，因而，对被伤害的情感进行掩盖。要知道，只有正视伤害，才能摆脱伤害。

有位女士是一名企业高管，她的丈夫没有她那么优秀，然而还是有了外遇。夫妻两人很痛快地离了婚。但是，这位女士对这件事的态度，显得过分轻描淡写。她不愿意承认丈夫的做法让她受辱，而是假装不在意，甚至从没有在任何亲人的面前哭泣过。

但是，她表面的大度背后，内心隐藏着深深的痛苦，自我折磨的结果是，两年后乳腺癌不期而至。

所以，不管是否做出离婚的决定，在遭遇丈夫背叛之类的重大伤害后，首先要允许自己愤怒，甚至失态，完全可以用适当的方式向施害者表达愤恨、尽情指责。同时，也要允许自己不必为了顾全形象、面子而克制隐忍，不必压抑着情绪去彬彬有礼、温文尔雅，完全可以像个凡人一样，在遇到挫折和打击后，披头散发、涕泪横流。释放自己的真情实感，其实就是在疗伤。

第二步：清理对丈夫或前夫的怨恨

对于伤害自己的亲密爱人，有怨、有恨都很正常。曾经的感情越亲密，受伤的感觉越痛彻。

在承认自己被对方伤害之后，要在安全的环境下畅快地表达出对施害者的愤怒甚至仇恨，可以在面对亲人、闺密或心理咨询师时，痛痛快快地把那个家伙狠狠地骂一顿，不必忌讳话语的恶毒，怎么解气怎么来。

在充分并多次的表达后，告诉自己，这些情绪都是正常反应，不是自己小肚鸡肠，没必要遮遮掩掩。同时，也给自己提出要求，在某一个时间段之内，比如三个月、半年，可以肆无忌惮地表达，过了那个时间，就要翻篇儿。因为，没有截止日期的仇恨会让人丧失理智，也是允许对方用另一种方式来继续伤害你。

第三步：识别对孩子隐藏的恨

厘清对前夫的愤怒情绪后，接下来要学习识别你一直不敢承认的、对孩子隐藏的恨意。

很多母亲会因为各种原因恨孩子。比如：孩子身上有不讨人喜欢的前夫的性格遗传；照顾孩子让自己失去了很多机会；孩子的成绩不优秀，对不起自己的辛苦付出；孩子竟然在情感上偏向那个不称职的爹；等等。

可以静下心来，把对孩子的不满甚至恨意都写下来，不仅写出让你怨愤的细节，也要找出你的恨意背后藏着哪些内心的需要。

不要害怕这种挖掘，当你试着去承认、触碰这些一直隐藏很深的恨意时，疏解的机会也在悄悄降临。你会发现，这些负面情绪一方面是无法抑制地恨孩子，另一方面又是对自己居然有这样的恨意而心怀歉疚，这样的折磨足以让人心力交瘁。

第四步：不再等待对方的忏悔，单方面开始饶恕

在承认被对方伤害，并清理了对前夫的怨恨，识别触碰了对孩子的恨意之后，就到了"饶恕的功课"最关键的阶段——单方面开始饶恕，不再等待对方的忏悔。

很多人无法开始饶恕，就是把对方的忏悔当作了原谅的必要条件，如果对方终生不知悔改，那你就会一生被仇恨捆绑。

当你决定单方面开始饶恕之后，对方就完全丧失了在这件事上的任何影响力，他如何作为，是他的选择——他是自我反省、

愧疚忏悔地活着，还是没心没肺、没皮没脸地活着，都和你无关了。在你的生命中，他彻底出局了。

单方面的饶恕可以不期待和解，但是，它会带来痛苦的解脱和心灵的宁静。恨是很累人的事，没必要再把生命能量耗费在一个不值得的人身上。

一个饶恕和原谅了孩子他爹的母亲，是从伤害事件中彻底走出来的女人，她挣脱了仇恨的绳索，摘掉了"完美母亲"的面具，以无比真实也无比刚强的姿态重新站到了孩子面前，她不会再发动隐形攻击，也更有能力疏导自己的情绪，不遮掩、不逞强，不再被矛盾的情感折磨，也有肚量承载孩子对父亲正常的情感表达。这样成熟的母亲，才会成为孩子的依靠和榜样。

焦虑让你无比挑剔

< 1 >

现代人如果说自己不焦虑，一定会被周围朋友笑话，笑话你"吹牛不和牛商量"。

今天，焦虑已经成为一种公认的时代病，你如果不焦虑都不好意思和别人打招呼。在这个焦虑的时代，女性的焦虑更甚，而做了母亲的女性简直就像是活在焦虑的火山口上——无时无刻不在担心焦虑熔岩的迸发。

人在焦虑状态下，会有许多反常表现，比如，过度紧张、睡眠障碍、爱发脾气……可能很多人没有意识到，过分挑剔也是焦虑的一种表现。所以，焦虑的母亲有一个共性，那就是：特别喜欢挑剔孩子。

母亲把焦虑投射到孩子身上，就变成嫌弃、挑剔，认为只有不断给孩子指出缺点，指导孩子改正缺点，孩子才能应对不确定的未来。

"你跟我有仇吗？你怎么老看我不顺眼呢？"面对挑剔的母亲，处在青春叛逆期的孩子会说出这样的话。

妈妈听到这样的话，会觉得特别委屈："我挑剔你还不是因为爱你？你看张三家、李四家的孩子，爱怎么样我都不会管，他们和我没关系，你是我的孩子，我挑剔你是希望你能做得更好，你怎么就不能好好改改你的毛病呢？"

孩子对妈妈的话不会认同，他们从妈妈的挑剔里只看到了否定和敌意，根本没看到妈妈所说的爱。所以，母亲的挑剔不会带来孩子行为的改变，只会让双方的关系变糟。

挑剔肯定不是爱，也不是出于爱。在人际关系中，挑剔往往是一种破坏性的力量，因为它在心理上预设了不平等的关系，即我是对的，你是错的；我是完美的，你是残缺的；我是高高在上的，你是俯首听命的。这种不平等的人际关系，很容易激起对方的抵触情绪，哪怕对方是你的亲生孩子，他们也绝不会乖乖地接受你的挑剔。

青春期的孩子，他们的生命力在增强，对于母亲的挑剔，他们还有一定的对抗能力。但如果这种挑剔是从孩子小时候就开始的话，会给孩子的成长造成巨大的负面影响，最可怕的恶果就是，让孩子觉得自己一无是处、毫无价值。

对于6岁以下的孩子而言，最亲近、最信赖的人给他的心理创伤往往是最深的。如果妈妈总是挑剔孩子，总用言语行为暗示孩子"你不行""你不够好""你真笨"，这种暗示就会在孩子的潜意识中生根，让孩子深受其害，甚至会影响孩子一生。所以，妈妈管住自己的挑剔，对孩子健康人格的形成非常重要。

健康成熟的母亲，是包容和接纳的，而不是挑剔和嫌弃的。

要想成为这样的母亲，首先要承认对孩子的挑剔不是所谓的爱，同时要认识到，它是你自己内心无法排遣的焦虑造成的。

每一个焦虑的母亲都不觉得自己是杞人忧天，我们有充足的理——工作不好找、房子买不起、医疗没保障、食品不卫生……诸多生存问题在前，人人都像拧紧发条的机器，被焦虑驱赶着不停前进；孩子的健康、教育、未来……哪个不让我们忧心？

焦虑是对现实的潜在挑战或威胁的一种情绪反应，所以，适当的焦虑，可以帮助我们更好地适应社会，它相当于一种驱动我们改变的力量。但如果长期处于焦虑情绪中，不仅会危害自己的身心健康，对于亲子关系的破坏也非常大。

一个焦虑的母亲是挑剔的，自然是不快乐的。对这样的女性，有一句话形容得很到位："自我嫌弃的高手，挑剔别人的专家。"这样的母亲怎么会给孩子提供成长所需的精神养料呢？

所以，认清焦虑的真相，学会驾驭自己的焦虑，是当代母亲急需学习的功课。

< 2 >

心理学家对焦虑有许多种解读，下面这两点对我很有启发。

首先，焦虑的本质是对失控的恐惧。焦虑是指向未来的，对现状的不满其实大多是对将来的担心，而焦虑的人最担心的就是未来的不可控。

其次，失控感来源于我们总想控制我们控制不了的东西，却不愿对我们能够控制的东西承担起责任。

由此我们可以看到，要想缓解焦虑，必须学会应对失控感，对无法控制的东西学会放手，对能够控制的东西承担责任。心理学家给出的战胜焦虑的对策是——

专注于一件具体的事，做到心无杂念，提高对可控之事的掌控力。

很多母亲会为孩子能否进到一个好的幼儿园或学校而焦虑，也会为孩子在幼儿园或学校的表现而焦虑，看似对现状的担心或不满，其实都是对不可知的未来的恐惧。

大家似乎有一种集体潜意识：进不了好的幼儿园，就输在了起跑线上；进不了一个好小学，好中学就无望，进好大学更是机会渺茫，那何谈好工作、好收入？没有这些，买房子、结婚、生孩子不就会困难重重吗？以后的人生该如何掌控？

仅仅是一次不大不小的月考成绩，当妈的就看到了孩子未来人生之路的坎坷，当然会焦虑。

遗憾的是，母亲即便是焦虑到寝食难安的地步，对解决这些未来的烦恼也没有任何帮助，反而会因对孩子的过分挑剔而让他/她的表现更加不佳。

所以，问题不在于孩子是否达到母亲期望的优秀状态，而是，母亲该如何应对自己的过度焦虑。

为什么说"学习专注就可以让人远离焦虑"呢？

焦虑情绪是一种由无法抑制的负面想法所主导的思绪混乱，

焦虑的人总觉得有什么不好的事要发生，却又对这种境况无能为力，他们除了胡思乱想之外，什么也不想做，什么也做不了。而专注于一件具体的事，则可以让他们把焦虑的能量转化到做一件具体的事情上。

芝加哥大学心理学家米哈伊提出的"福流理论"（flow）——也被译为"心流"——对专注于一件事的心理状态有非常专业的解释。他说，福流是人们在全情投入时所产生的一种特殊的忘我体验。在福流状态下，人的注意力高度集中，心中没有一丝杂念，全部的生命能量都聚集在当下所做的事情上，和眼前的事浑然一体，甚至可以忘了时间。这种状态被看作人类的最优体验，是幸福感的真正来源。

福流的产生有一个重要条件，就是放下对眼前之事以外的任何目标的执念，只专注于眼下这件自己可以掌控的事，沉浸其中，做好它。

很多焦虑的妈妈都有这样的体验，什么都没干却觉得很累很累，心里总是乱乱的，不知道该做些什么来让自己更安心。因为找不到下手的地方，只好用对孩子方方面面的挑剔来缓解自己烦躁不安的情绪。

专注，就是焦虑妈妈们最应该学习的功课，在一件具体的事上收心、静心，在福流的忘我状态下，帮助自己成就更深刻更成熟的生命，那样，就可以游刃有余地驾驭焦虑了。

< 3 >

如何专注于一件具体的事呢？什么样的事情更有助于减缓焦虑呢？

下面，分享一些我自己的经验。

阅读纸质书，戒掉手机依赖症

智能手机的普及，让纸质书的阅读变得越来越不常见，但是，很多人发现，手机阅读和阅读纸质书差别很大。手机阅读的方便性优于纸质书，但深邃隽永的文字还是和纸质书更匹配。所以，纸质书带给人的思想愉悦和阅读快感是手机阅读无法替代的。

我在和手机亲密相处几年后发现，越玩手机越焦虑，那些热点新闻和爆款文章就像放了大量辣椒酱和调味品的食物，吃的时候很过瘾，但却缺乏让你身心健康的营养，没有让人细品、回味的深度，难以带来深达心灵的悸动和共鸣。

阅读一本有品质的纸质书，是练习专注力的好办法，常常会让人产生福流体验。优质的纸质书像是烹饪大师出品的料理，味道全靠食材的本味，而非辛香调味料的刺激，这其中的精彩只有静下心来才能慢慢品读。

学习慢呼吸，让自己放轻松

焦虑的人有不易觉察的呼吸急促，他们有时候也会感觉胸闷气短，这是因为他们内心的节奏乱了，所以，调整呼吸的节奏可以帮助他们平复焦虑。

我有一段时间因为儿子的学习成绩焦虑万分，直接影响到了睡眠，越失眠越恼火，对孩子的指责挑剔也越发地变本加厉。一位中医朋友建议我每天临睡前练习"气沉丹田"，用放慢呼吸的方法让自己彻底放松。

为了治疗失眠，我坚持了下来。后来，在每每遇到为孩子的事着急上火时，我就有意识地先放慢呼吸，找个安静的地方坐下来，微闭目，把意念专注在每一次的吸气和呼气上。十几分钟后，再看原来的问题，就觉得没有那么严重了。

经常练习慢呼吸，整个人的节奏就慢了下来，当我学会有意识地控制自己的呼吸节奏时，会产生掌控感增强的愉悦。这种简便易行的专注训练，极大地缓解了我的焦虑情绪。

练习自控力，从小事情开始

焦虑，与掌控欲得不到满足有关。所以，练习自控力，有助于用自我控制和自我约束来积极地满足掌控欲。可以先从小事情上入手，这样就不会因为无法坚持而产生新的挫败感和焦虑感。

我有段时间坚持每天刷牙3分钟，打开手机计时器，不急不缓地开始刷牙，什么也不想，专心于牙刷在牙齿和牙龈上摩擦的感觉。刚开始时，感觉已经刷了很久了，一抬眼，计时器上显示才过了1分钟。可见，焦虑和心急常常是一回事。

3分钟刷牙练习，让我慢慢静下了心，我对时间的感觉和时间流逝的速度渐趋一致，这让我不再心急，并学会享受牙刷按摩牙龈的舒适和大脑放空的轻松。

后来，我又增加了一个练习，每晚临睡前在瑜伽垫上做累计5分钟的平板支撑（Plank）训练。这5分钟很难有杂念，如果意念不集中，根本保持不住身体的平衡。坚持几个月后，我的自控力得到了很大的增强，掌控欲也获得了极大的满足。我很自豪我有能力做到了想做的事，这让我对失控的恐惧大大减轻，焦虑感也随之减少。

创造静心独处时刻

不少做了母亲的女人，在孩子上大学之前，都会感到时间不够用，每天急吼吼地忙来忙去，心慌意乱地度过一天又一天，很少有静心独处的时光。正是这样不懂暂停的忙碌，让她们乱了心性、坏了脾气，焦虑又烦躁。

要想不做焦虑的俘虏，就要学会从繁杂的事情中暂时抽身，为自己留出一方宁静的天地，让忙乱的心可以喘口气。如果经常有机会和自己愉快地独处一会儿，专注在让自己感兴趣的闲事上，一旦养成习惯，心浮气躁的感觉会越来越少。下面几种方法对收心、静心很有帮助。

抄经：我妹妹有段时间被孩子升学的事搞得心烦意乱。为了静心，她每天早晨花20分钟抄写经文。她告诉我，新的一天以这样的方式开始，让她神清气爽，那是她每天最舒心的时刻。坚持了几个月，钢笔字有了进步，对人生的理解有了提高，对孩子升学的事看得更客观了。

抄经未必仅限于某一种，任何经典都可以。我用半年时间抄写过中医典籍《黄帝内经》，每天半小时，收获颇丰。

画画：有个闺密在婚姻关系和亲子关系都遇到不顺时，开始学习油画，每天都沉浸在色彩和构图的乐趣中。她的体会是，以前特别害怕独处，身边没人就心慌意乱，学画画后，爱上了独处时的安静自在，每天专注在画布上的那一个多小时里，完全忘了时间的存在。一年多后，她觉得自己像充足了电似的——对爱人，不再胆怯和抱怨；对孩子，很少挑剔和指责。夫妻关系和亲子关系都有了很大改善。

涂色：有些人可能和我很像，时间不充裕，绘画基础也不好，那就可以选择用涂色来减压安神。美国亚特兰大的艺术治疗师苏珊·芬奇说："涂色可以舒缓心情、减少焦躁情绪、释放压力。"拥有一本涂色书，就拥有一种最简单的舒压方式，能让你的压力和焦虑，在最简单的涂涂画画中释放，实现内心的宁静。

跑步：跑步是孤独的运动，是一个人和内心独处、与自己对话的绝好时机。跑步可以说是最健康、最自然的减压方式，当运动达到一定量时，身体产生的内啡肽效应能愉悦神经，从而达到缓解压力的目的。坚持跑步，可以明显改善焦虑、抑郁这两种最常见的不良情绪。

坚持运动十多年，我渐渐从一个有焦虑倾向的人变成了开心生活的乐天派，运动减压的效果比你想象得大。

< 4 >

　　成为母亲，就意味着你是家庭情绪的晴雨表。你快乐，家里阳光明媚；你焦虑，家里阴云密布。特别是对未成年的孩子来说，母亲管理情绪的能力直接影响着他们的身心健康。

　　过分焦虑是当代母亲的通病，我也曾深受其苦。当不能管理好自己的情绪、不能摆脱焦虑时，就无法停止对孩子的挑剔和抱怨。

　　当我意识到我对孩子无处不在的挑剔是源于我的内在焦虑，我应对焦虑的方式，就不再是让孩子改正"缺点"来满足我的完美期待，而是着眼于如何认清自己的焦虑根源，学会和内心对话，不再被焦虑所驱使，做那些不利于孩子成长的事。

　　在和焦虑对抗的过程中，我养成了阅读的习惯，戒掉了刷手机熬夜的恶习，也把运动习惯坚持了下来，并逐渐爱上了抄经、涂色、慢呼吸等能够和自己独处的静心时刻。不夸张地说，几年下来，我的性情大变，急性子变成了慢性子，对孩子，从缺乏耐心的挑剔母亲，变成了好说好商量的温柔妈妈。孩子快乐，我更快乐。

夫妻亲密，孩子才敢做自己

<1>

我开设的"女性成长系列"课程，涵盖恋爱关系、婚姻关系、亲子关系、职场关系等多方面的内容。我发现，未婚女性对于恋爱和职场的课程更感兴趣，而已婚且做了母亲的女性，对亲子课程的兴趣远比对婚姻课程的兴趣更大。

因为爱孩子而在乎亲子关系，这很正常，但如果一味地关注亲子关系而忽视婚姻关系的经营，反而会损害亲子关系。

有位参加亲子课程的妈妈对我说："我和我家那位这辈子凑合着过就行，也不打算离婚，但孩子不能凑合，把孩子培养好了，我这辈子就没白活。和老公关系好不好，我没那么在乎了。"

从亲子课程和婚姻课程参加人数的对比中就可以看出，对婚姻关系不在意但对亲子关系格外看重的妈妈们，不在少数。

我在辅导一些亲子关系出了问题的母亲时发现，她们中的很多人，婚姻关系早就出现了状况，只不过她们没有在意，或者一直无力解决。殊不知，婚姻关系经营不善，和丈夫的关系不够亲密，对孩子成长的负面影响远远超过她们的想象。

说起与丈夫的亲密度，有些妻子可能会不以为意，认为只要日子能过，吵吵闹闹是正常的，不到离婚的地步就算不了什么，平平淡淡就可以，亲密不亲密又能怎样？很多人没意识到——

夫妻关系的亲密程度对孩子的身心健康、学业成绩，甚至将来的事业发展都有至关重要的影响。

美国著名婚姻家庭治疗师、心理学家约翰·贝曼博士这样评价他眼中的中国夫妻——

"大部分的夫妻在孩子出生后，他们的角色就发生了变化。'丈夫'变成'爸爸'，'妻子'变成'妈妈'，作为夫妻的互动越来越少。如果做个比喻的话，中国的夫妻像是两条平行线。丈夫忙着工作，没时间陪伴家人；妻子忙着照顾孩子和做家务，没精力和丈夫交流。虽然两条线都在向着同一个方向延伸，但是彼此之间的连接和互动却很少。没有亲密，又住在一个房间里，他们的关系更像是室友，而不是夫妻。"

约翰·贝曼博士指出，不够亲密是中国夫妻最大的问题。

他提醒大家——

夫妻关系不能停留在"分工做事情"的层面上，更要保持积极的互动和连接，即要增加双方的亲密度。

以他的观点来看，夫妻亲密体现在七个方面：情绪的亲密、身体和性的亲密、智力的亲密、审美的亲密，以及灵性的亲密、社交的亲密、娱乐的亲密。

在情绪的亲密方面，夫妻要做到，在每天的日常生活中、每件细小的事情上，都充分表达自己的情绪。两个人不在一起时，要时常通个电话，哪怕很短，上班前，要有亲密的叮嘱和爱的小动作。这些有规律的表达，会让夫妻两个人的情绪在细微处连接紧密，婚姻也会更有活力。

在身体和性的亲密方面，两个人要明白，夫妻不仅需要和谐的性关系，也需要耳鬓厮磨的温暖和亲密。女性在这些方面要允许男性"反应迟钝"，不妨主动明确地提出自己的要求，让对方清楚你的需要，满足你的需要。比如，晚饭后两个人依偎在沙发上看看电视、聊聊天，就比各自玩手机互不理睬要有助于身体的亲密。

在智力、审美、灵性这些精神层面的亲密关系也很重要。比如，两个人可以一起讨论重要的话题，包括社会、政治、经济等方面的话题，还可以一起欣赏美丽的东西，一起看画展、听音乐、欣赏诗歌，以及共同思考或讨论和灵性有关的内容，比如信仰、宗教、宇宙、生命等。

除此之外，共同的社交关系、相似的娱乐爱好也会增加夫妻的亲密度。夫妻经常一起和朋友们聚会，可以让双方都享受到愉悦和放松；还可以培养一些共同的爱好，比如唱歌、跳舞、摄影、运动等。夫妻成为"玩伴"，亲密感会更加持久。

约翰·贝曼博士建议，夫妻至少要拥有 3 种方式的亲密，并且在此基础上，愿意积极改善，慢慢增加其他方面的亲密。他说："我们的婚姻都不是完美的，但是，我们可以用增加亲密的方式，丰富我们的生命，改善我们的婚姻。"

< 2 >

不得不承认，亲密度越高的夫妻，婚姻质量越高，家庭氛围也越好。孩子在这样的家庭长大，身心发育会更好。

所以，我经常建议来听亲子课程的女性朋友一定要听听婚姻课程。如果我们把孩子比作一棵树，那么父母之间的婚姻状况就是土壤。夫妻亲密、婚姻美满的家庭就像肥沃的土壤，能够为孩子的成长提供充足的养料；反之，夫妻关系冷淡、"凑合着过"的家庭就像贫瘠的土地，尽管父母也是尽心竭力地在照顾孩子，但土壤的养料不够，会让"爱苗"因为缺水少肥而显得病病歪歪。

舍弃经营夫妻感情而专注于教育孩子的母亲们，看似在走捷径，但实际上是绕了一条弯路。她们可能觉得，和丈夫的关系处理起来太麻烦、太费精力，而培养孩子、让孩子有出息，才是当务之急。这样的认识误区让她们把时间、精力、感情全部倾注到孩子身上，冷落了丈夫，使得夫妻感情更加疏离。这会带来一个严重后果——

看见父母不亲密，孩子不敢做自己。

我辅导过这样一对母子，妈妈是企业高管，漂亮能干，上初中的儿子很乖，但胆小、羞怯，学业成绩一般，身体也不强壮。当妈的很着急，她觉得这个孩子和她理想中的"男子汉"相距太远，她希望孩子"要有狼性"，要强壮，要敢于和别人竞争。孩子对此很抵触，每当母亲要求得过多时，他就会用生病来"抗议"。

几次交流之后，我问她："为什么不见孩子的爸爸来？"她说："不用管他，对他我已经放弃了，您只要帮我把孩子的问题解决好就行。"

后来我了解到，孩子的爸爸在政府机关做事，稳重木讷，不善言辞，用那位孩子妈妈的话来说，和她"气场不合"。于是，十几年的婚姻关系越来越冷淡，两个人不吵不闹，但是，不交流、不亲密，只有说到儿子的事，两个人才有一些共同话题。

我告诉这位母亲："如果想让你的儿子增加力量感，那就要让父亲参与进来；父亲是男孩子的第一个榜样，父亲在家中的地位低下，孩子的男性气质肯定会受到折损；如果夫妻关系不亲密、不和谐，不管是否当着孩子的面吵闹，孩子都会一清二楚，并因父母的不够融洽而暗自忧心忡忡；尤其一些生性敏感的孩子（你家这个孩子就是如此），他们的能量会悄悄地被用来抵御害怕父母分离的焦虑，这样一来，学习功课所需要的专注和持久，以及应付外界挑战所需要的勇气和胆量，都被提前预支了。"

这位母亲听了很震惊，她也因此回忆起了很多往事。她说，她其实是知道孩子的心思的。她记得孩子还很小的时候，有一次看电视剧，看到剧里的妈妈对爸爸温柔体贴，孩子竟然说："妈妈，我想让你也这样对爸爸。"现在回想起来，她才意识到，那时候孩子就很希望他们夫妻好好相处，他甚至担心父母离婚后自己会无家可归。但在此之前，她总觉得这是孩子在瞎操心，还教训孩子说："只要把学习搞好，大人的事你不用管！"

几次谈话之后，这位母亲开始重视我说的"家庭关系的核心是夫妻关系而不是亲子关系"，并开始着力于改善与丈夫的关系。当然，这并不是个轻松简单的过程，几乎每走一步都要面对自己和对方的人性弱点，但她学会了用更智慧的眼光看待和丈夫之间的差异，并且，按我说的一些方法，努力在多个方面增加夫妻亲密度。

首先，她发现他们俩看电影口味相同，于是经常安排周末看电影的活动；后来，她回忆起当年谈恋爱时一起打过羽毛球，为此，她特意在小区附近的羽毛球馆办了一张卡，不时邀请丈夫去切磋一个小时。经过一段时间的密切互动之后，她发现，看起来木讷口拙的丈夫，其实内心很丰富，对很多问题都有自己独到、深刻的见解。这让她对他不由得刮目相看，觉得他们之间在智力、审美等方面的亲密度也增强了。

随着两人亲密关系的改善，孩子的问题神奇般地迎刃而解。据妈妈讲，这个男孩子再也不像从前那样，总是一副心事重重的小大人模样，开始变得开朗、乐观，学习功课更自觉了，和同学的关系更融洽了，参加学校的各项活动也更加活跃，开始喜欢打篮球，身体也变结实了。

更让这位妈妈惊喜的是：她和丈夫的关系变得亲密之后，她的情感需求能被丈夫很好地捕捉到，并及时给予反馈，这让她得到了满足，也就不再莫名其妙地苛求孩子、对孩子施压了。

很多亲子关系出问题的妈妈一直没有意识到，她们对孩子的好多要求，其实是对"夫妻情感需求缺失"的转向索求。

这些原本不应对孩子提出的过度要求，让孩子不堪其重、无力回应，哪里还有精力去发展自己的人格？

每一位对此认识不足的母亲，你在经营夫妻关系上偷的懒，都需要孩子用"不敢做自己"这样大的代价来买单。而一个不敢做自己的孩子，在成长的过程中要面对的挑战就太过严峻了。

< 3 >

我在养育孩子的过程中，也有过类似的经历。

儿子上小学时，我因为工作忙，每周都要出差，恰巧丈夫那段时间也很忙，整天飞来飞去。我们这两个忙昏头的人，因为缺乏互相理解，常常会把气撒到对方身上。

尽管我们很克制，很少在孩子面前表露出来，但家里的气氛始终是冰冷的。在那段我和丈夫关系最不亲密的时间里，我儿子不仅身体多病，而且他周末回家后的表现可以说"乖得让人心疼"。小家伙一个人躲在房间里，写作业、玩玩具，几乎一点动静都没有。我常常以为孩子睡着了，轻轻地推门进去，发现他默默地干自己的事，一副小心翼翼的模样。

他敏锐地感知到我和他爸之间的关系出了问题，生怕自己不乖就会让问题更严重，所以，不敢给我们添一点乱。但他毕竟是个孩子，过于谨小慎微违背了孩子活泼的天性，那段时间，他的身体就不断出状况，频繁地感冒、皮肤过敏、睡不踏实……

　　我和丈夫都很爱孩子。在夫妻关系不够亲密时，我们对孩子的爱虽然没变，但却不能让孩子感到安全、放松。作为家庭的一分子，在父母情感有了冲突或者变得冷淡之后，孩子不可能置身事外，他们会用自己的方式参与父母的"战争"。

　　我曾经以为，大人是大人，孩子是孩子，夫妻关系有问题也不会影响到我对孩子的爱。但是，我亲眼看到孩子的反应之后，就再也不敢疏忽了。我和丈夫一次次地深谈，商讨如何调整工作节奏，如何改变关系模式，因为我们都不想看到这样的状况——

　　夫妻关系"得了病"，却让孩子来"吃药"。

　　感谢我丈夫那个阶段的付出，他果断地停掉了一些需要经常出差的工作项目，在我暂时不能改变工作节奏时，为家庭做了很大的牺牲。

　　我也认识到，亲密关系是需要用心经营的，我要学习如何和丈夫在忙碌的生活中保持亲密。

　　我们原本非常亲密，在灵性、审美、思维等方面，话题很多，经常沉醉在深入探讨里，彼此欣赏。但有了孩子、工作忙碌之后，我们就不再用心经营两人之间的亲密关系了；在家里也是谈工作多，谈感情少，甚至羞于做那些很细微的情绪表达。甚至丈夫出差，我电话都懒得给他打一个，觉得"那么大一个人还能丢了吗？该吃该喝都是他自己的事，何必再婆婆妈妈地提醒唠叨？"久而久之，我们之间的亲密度自然是大大降低。

　　看到孩子因此出现问题之后，我们夫妻两人都改变、付出了很多，事后回想，甚感欣慰。

我们的关系改善之后，孩子的个性变得越来越开朗，身体不爱生病了，在饭桌上也有说有笑了。他常给我们模仿老师或同学的有趣举止，不再胆怯了；在学校遇到冲突时，他开始敢于发表自己的见解，不怕得罪同学，甚至不怕得罪老师了。

同时，他也更愿意和我们分享他的想法或者苦恼，不怕我们知道他的一些内心秘密。我们很清楚地感觉到，孩子变得越来越勇敢，有了敢于做自己的底气和力量。

< 4 >

在年幼的孩子心中，害怕被抛弃是本能的恐惧，因为他们知道自己离开父母就无法生存。所以，夫妻不亲密的家庭，孩子会有隐隐的不安，会产生一种"被抛弃"的原始恐惧。只不过，这个非常明显的信号常常被父母疏忽。

这种恐惧如果持续多年，孩子在本该发展人格和能力的阶段就会错失良机，也许在以后的很多年都不敢或不会做自己。这些不敢做自己的孩子长大以后会怎样呢？

不敢按自己的意愿做选择

无论专业、工作还是恋爱对象，他们不敢按照自己的意愿做决定，总会不由自主地想讨好大人，以家长或者别的什么权威的标准为标准，却常常是费力不讨好。

我见过一个很极端的例子。一对常年冷战的夫妻，他们的孩子上初中后在饭桌上从来不敢点菜，问他喜欢吃什么，永远是"随便"；有时候他妈非让他自己点一个，孩子会急得满头大汗。连点菜这样的选择都怕承担后果，长大后要面对的挑战岂不是太大了吗？

不敢正常地表达自己的情绪

孩子在成长阶段过分地善解人意，其实是一种委曲求全，是对自己情绪的压抑。这样的经历会让他们产生一种错觉："我的真实情绪会让别人讨厌，会带来麻烦。"于是，他们渐渐失去了正常地表达自己情绪的能力。这个欠缺，在他们进入亲密关系之后就会更明显，有的会表现为情绪不可捉摸，喜怒无常；有的表现为对伴侣冷漠、生疏，导致家庭问题。

很难找到人生的方向和意义

这些孩子在学业功课上并不是很差，但无论是否达到家长和社会的一些世俗标准，比如考个好学校、找个好工作，他们对人生的方向总是迷茫的。因为，他们的每一个重大选择都是在顺应家长或社会的要求，并未真正思考和参与过自己的人生规划。这样的被动人生，何来意义和满足？

如果我们倾注极大心血所养育的孩子在他/她的一生中都没有机会做自己，找不到自己人生的意义和乐趣，身为母亲，一定会感到很难过吧？

如果我们知道，良好的家庭环境，特别是夫妻关系的亲密，是鼓励孩子"放心做自己"的催化剂，那我们还会对不冷不热的夫妻关系听之任之吗？

其实，我辅导过的很多夫妻，虽不是特别恩爱的伴侣，但也绝不是毫无感情基础的，只不过夫妻双方在婚后很多年里，一直为他们以为重要的事情忙忙碌碌，疏忽了婚姻里真正重要的事情：经营好两个人的亲密关系，为孩子创造良好的成长环境。

当我们明白，夫妻关系才是一个家庭的核心，就会在忙着为孩子报各种兴趣班、补课班的同时，认真思考一下，如何和自己的爱人建立更亲密、更坚固的关系。现在有很多面向夫妻的婚姻课程，就像交谊舞课程必须两人成组一样。这些课程会要求夫妻必须同时参加，在课堂上的互动和交流，会帮助参与者提高对婚姻的认知、改进夫妻相处的模式。

有时候，我会建议来找我咨询亲子关系的妈妈们——

为了孩子，先去上个婚姻课吧，一定记得叫上孩子他爹！

Part 3

共成长

成就自己，
做孩子最好的榜样

做母亲当然会很辛苦，但是，仅仅是不怕辛苦并不会让你成为一个可以给孩子提供生命养料的好母亲。在养育孩子的过程中，和孩子一起在爱里共同成长，才是让你和孩子的生命都得到滋养的最好方式。

如果，成为母亲之后，你的目光死死钉住孩子，认为管教孩子、约束孩子、督促孩子就是你全部的责任，把对自己的要求降到最低，不顾脸、不顾身材、不顾健康地全身心奉献，并不会对孩子的成长帮助更大。一个失去自我的母亲怎么会教出内心强大的孩子？一个不爱自己的母亲怎么会教出爱自己的孩子？

放弃自我成长的母亲可能含辛茹苦，但却更可能成为不合格的母亲。若干年后，你也许会痛心地发现，你的付出孩子并不领情，你以为放弃自我就可以为孩子换来的美好前程根本不会出现；而在家庭里失去榜样的孩子，长大后不仅容易自怨自艾，而且，很可能把自己的不如意责怪到你的头上。到那时，只能说悔之晚矣。

爱自己的女人才更有能力爱孩子，对成长怀着期待的母亲才会带领孩子共同成长。当你愿意为自己的生命负责，愿意为每一个美好的改变付出努力，就是给孩子树立的最佳榜样。

减肥减出好妈妈

<1>

我在 38 岁时体重达到历史最高纪录，150 斤，我儿子那时不到 9 岁。

那个时候，我对自己的生活有诸多不满意，尽管事业发展得很好，但我却常常觉得万事不顺心，对丈夫和孩子挑剔多多。我把对自己的不接纳、不喜欢变成了对至亲至爱之人的苛责。

丈夫是成年人了，防卫能力强，被我粗暴指责后尚能自行化解，但儿子当时才刚上小学，小小年纪无端承受了我的许多恶劣情绪。每每回想，都觉得他非常可怜。

在很长一段时间里，我觉得自己的坏情绪是因为别人不够努力，没有达到我的标准，从来没想过如何成为更好的自己。

我之所以会在 38 岁时下定决心减肥，是因为我渐渐意识到，当我把目光不断朝向外界，事无巨细地想控制丈夫、管教孩子时，不仅于事无益，反而适得其反。

对女人来说，自律和自省的难度比训斥孩子、埋怨老公的难度要大得多。我当时在饮食管理、体重管理和情绪管理等多方面都出现了失控的状态，以至于 1.58 米的个头，体重高达 150 斤。这样的状态，减肥何其难！

历经几年的努力，我奇迹般地做到了，整整减掉了 50 斤的多余脂肪，从身材臃肿的大胖子变成了不到 100 斤的苗条女人。

2017 年，我把自己的这段减肥经历写成了一本书《我减掉了五十斤——心理咨询师亲身实践的心理减肥法》，并得以出版。它是我的第一本书，更是我在长达半生的自我救赎、艰难蜕变之后送给自己的一份大礼。

这本书记录了我借着减肥实现自我成长的艰辛和快乐，记录了我通过减肥找到自我疗愈之路的惊喜和收获。书的封面上印着这样一句话："让灵魂丰满，让身体轻盈，一本重塑自我的成长之书。"

这本书让我与不少身为母亲的女性结缘。她们对于减肥有迫切需求，她们对自己的身材不满，对自己的未来也充满担心。同时，她们对减肥和教育孩子这两件事孰轻孰重还有点不敢确定，她们总觉得，如果太把减肥当回事，好像显得失职和自私，会生出一种对家庭、对孩子的愧疚感，不仅仅是丈夫和公婆不支持，自己也会很犹豫、很矛盾。

我也经历过那样的纠结，甚至一度以为自己胖到 150 斤是为孩子、为家庭自我牺牲、无私奉献的结果，救生圈一样的腰腹部脂肪似乎成了贤妻良母的"军功章"。这个逻辑现在想来荒唐到可笑，但是，那时候，我却把它作为我不愿意改变自己的挡箭牌。

在这里，我要告诉那些犹豫着不敢把减肥当大事的妈妈们，你减肥就是在身体力行教育孩子啊，减肥是"身教胜于言教"的最好演示。

< 2 >

尽管很多妈妈对于管教孩子非常用心，也明白培养孩子的好品格对他们的一生至关重要；但是，让人尴尬的是，妈妈们用心又用力地每天给孩子讲大道理，说得嘴都快磨破了皮，孩子们的表现却还是让人恼火——没有责任心，缺乏自控力，做事没常性，等等。

不少母亲为此感到很挫败，觉得自家孩子就这熊样，根本比不了"别人家的孩子"，怎么说都没用，只好由他去了。随之而来的是深深的失望，既有对孩子的不满，也有对自己晚景的担忧。在这种心境下，给孩子的脸色哪能好看得了？

其实，孩子心里也有委屈，他们很想有能力约束自己，也很想做事有恒心，只是从来没在生活中看到过这样的榜样。妈妈每天讲的那些大道理，老师也在讲，听起来都特别正确，但是，对困扰他们的很多问题并没什么用啊！

青少年心理学家指出，决定一个人一生成就的是很多品格的集成，而其中八种品格的塑造对孩子的未来格外关键，它们是：勇气、责任心、自控力、抗挫力、社交能力、感恩、乐观精神、好奇心。

父母要学会全方位地看待这八种品格，首先要从只盯着孩子的学习成绩和班级排名的狭隘和短视中抽离出来，同时，还要看到，这八种品格的培养恰恰是家庭环境的影响大于学校教育的结果。那么，在家庭教育中，中国人公认的"身教胜于言教"的原则是特别符合青少年心理的，因为，活生生的榜样才会让他们产生模仿、学习的热情。

因此，当你想要指责孩子的各种坏毛病、坏习惯的时候，应该先反省：这些你深恶痛绝的问题，跟你的言行举止、你们的家庭环境有没有关系；应该被指责的究竟是孩子还是你自己？

我当年在决定减肥时意识到了这点，最开始的感觉是尴尬和难受，自我否定时的郁闷比批判孩子时的愤怒要难受多了。有一段时间，我既没有底气再训斥孩子，也不知道怎样做才能让孩子在良好的家庭环境熏陶下更好地成长。

我和我先生讨论这个问题时，他非常认同地说："孩子身上的问题都是我们自身问题的显现，我也要好好反思啊！"于是，我们把关注点从找孩子的错，变成了反思自身的问题，并且决定，毫不推诿地先改自己的错——他戒烟，我减肥。

对男人来说，戒烟要比批评孩子、指教孩子难得多，特别是我先生身为商界人士，工作压力大，交际应酬多，香烟是缓解压力和联络感情的重要工具，戒烟的难度可想而知。但是，作为父亲，如果一边以各种借口放纵自己的坏习惯，一边却居高临下地指责孩子的坏习惯，你觉得孩子面对"看到的事实"和"听到的道理"，会更信哪一个呢？

我先生的成功戒烟给孩子做了很好的榜样。

对女人来说，减肥要挑战的是自我约束力和对于目标的坚持力。能够减肥成功，比督促孩子每天做作业、要求孩子每次考试保证前5名要难得多。对孩子的要求不过是动动嘴，让自己减肥可是要来真格的。

我长达几年的减肥历程，从孩子的角度看，是在向他演示如何塑造4种重要的品格：勇气、责任心、自控力和抗挫力。让孩子从自己的母亲身上亲眼见证这个过程，比起被口头要求，更容易学习和模仿。

< 3 >

关于勇气

减肥的挑战性在于它的成功率太低了，国外相关统计显示，减肥失败率在92%以上。我之所以容忍自己胖到150斤，就是害怕减不下来白费劲，索性不挑战不开始。

当我鼓足勇气开始减肥后，我知道自己要走的是一条很少有人成功的路，但这是正确的选择，它和成功率无关，和我内心的坚定有关。

走上这样一条少有人成功的路，就意味着我必须学会自我激励，不停地和自己的惰性做斗争，这让我更深刻地觉知自我、省察自我，对别人的挑剔和抱怨不知不觉就少了许多。

我儿子亲眼见证了我的减肥之旅，看到我选择这条路的勇敢和执着，他从刚开始的不解，到后来常常发出佩服和感叹之声："妈妈，你好厉害啊！我们同学都说你越变越年轻了！"

我也特别愿意和他分享我的减肥心得，我告诉他："妈妈之所以以前不减肥，不是不想减，而是害怕失败，然后就假装不在乎，自欺欺人很多年，这才胖到150斤。所以，儿子，没有勇气去接受挑战，你不会原地踏步，而是会变得更糟。"

所谓勇气，就是面对不可测的未来时，在把握不大的情况下仍然愿意付出艰苦的努力，只因为，你心里认定这是正确的事。

我儿子从小多愁善感，对于难度较大的事情常常心生畏惧，比如，幼儿园里的小男孩都抢着滑滑梯，但我儿子却总是不敢玩。曾经的我想用训斥来逼迫他变得勇敢，结果却是他哭得更凶、胆子更小。

我开始挑战减肥难关后，首先对当年孩子的畏难情绪有了更深的理解和体谅；其次，我和儿子分享面对挑战时的软弱和无助，得到了他更多的共鸣。我想让他知道，妈妈不是超人，一样会害怕不成功，害怕被人笑话，害怕白费力气的尴尬。但是，带着恐惧去做正确的事，不正是勇气所在吗？

我坚持减肥渐渐有了成效，我儿子的性格也在悄悄发生变化，不再懦弱和优柔寡断，敢于挑战自己，敢于和别人做不同的选择，不那么害怕严厉的老师和霸道的同学。他上初中后，我和他父亲明显感觉到，孩子的眼神变得坚定、勇敢了。

关于责任心

很多人觉得责任是基于他人的利益而做出的自我约束，其实，责任更是基于自己的利益而做出的明智选择。我们在夸大自己如何对他人尽责的时候，常常有一种道德上的满足感；但是，如若我们对自己都不能真正负责，所谓的对他人的责任心其实很可能是一种虚幻的自我美化。

我在减肥前一直觉得自己责任心很强，对工作尽职尽责，对家庭全心奉献。但减肥之后，每次回看以前的照片时，对着曾经身材臃肿、看起来比实际年龄老许多的自己，我都会有一种难以置信的惊诧——那些年，究竟是对自己不负责到什么程度，才会胖成这个样子、邋遢成这个样子啊？

减肥是对自己负责的一种方式。因为，这百分之百是你的事，没有任何人能替你去做。

我开始为自己负责之后，突然发现，责任心的起点本来就应该是为自己负责。真正有责任心的人，一定是首先为自己负责的人。

我的思索让我对孩子的教育和引导有了活生生的例子。

当时，我告诉已经上高中的儿子："妈妈以前总觉得为他人尽责更重要，结果忘了对自己负责，以至于胖了这么多年。现在我才清楚，不为自己负责的人何谈真正的责任心？你现在就要学会为自己负责，你要清楚，你的学习成绩和我们无关，是你对自己的交代，也是你对未来的交代。"

我还告诉他："将来参加工作也如此，你的工作业绩和工作态度是你的责任心的体现，但不只是对你所效力的机构的责任，更是你对自己的责任。因为，你的学习态度、工作态度是你人生态度的一部分，你若想为自己负责，一定会慎重对待你手里的每一项任务。"

在此之前，我觉得自己的事不重要，我要全力以赴为儿子负责，为他的学习负责，为他的将来负责，所以，他必须好好学习，否则就对不起我对他的负责。减肥的过程让我反省，一个不懂得为自己负责的母亲，却一心想培养出懂得为自己负责的孩子，这是何其荒谬的想法！

孩子看到了我在减肥中的坚定，看到了我为自己负责所做的努力，他也慢慢学会了为自己负责。现在，他就要上大四了，越来越有主心骨；虽然远在异国他乡，但是无论功课还是生活，都不用我和他爸操心，很少向我们上交困难。他知道，责任心不仅是对他人和社会尽责，更是要为自己负责。

关于自控力

减肥是最考验自控力的事，减过肥的人都知道。很多人常常夸下海口，说自己多长时间要减到多少斤，结果都败给了自控力不足。

我的减肥方法很简单，就是"少吃多运动"，每天下午 5 点之后不进食，一天要保证走一万步。听起来是很简单的要求，但在刚开始时，这几乎每天都是对意志力的考验。特别是，我还要给家人准备丰盛的晚餐，看着满桌饭菜，自己不动筷子，一般人哪能承受得了？

我就这样一天一天坚持下来，不仅节制饮食，而且，多忙多累都要保证日行万步。儿子看到后，经常问我："妈妈你不饿吗？妈妈你不累啊？"我回答他："当然饿啊！当然累啊！但是，想吃就吃不会让我变瘦，舒舒服服躺在沙发上看电视只会让我更胖，所以，有时候，为了实现目标，我们必须去做'该做的事'而不是'想做的事'。"

所谓自控力，就是激励自己做应该做的事，克制自己不做不该做的事。自控力和一个人能够取得的成就关系非常大，比单纯的学科成绩影响要大多了，所以，要让孩子明白自控力的重要性，并且从小事开始学习培养自控力。

我儿子看到我减肥的过程和成效后，开始了他的自控力练习。比如，他改掉了晚上 10 点后加餐的习惯，并且，一直坚持健身训练，不知不觉，从一个单薄的小男生变成了结实有型的肌肉男。他和我分享，不论是健身房做运动，还是在宿舍或家里举杠铃，都让他变得有耐心，学会为了一个目标去做很枯燥甚至很痛苦的事。他说，坚持下来之后，非常有成就感。

关于抗挫力

减肥的过程从来不会一帆风顺，遇到停滞期、反弹期更是对心理承受力的考验。很多减肥失败的人就是在这样的阶段灰心了、失望了，因而过早地放弃，导致前功尽弃、减肥失败。

说到底，抗挫力是做成任何事的基础。

我在减肥 50 斤的过程中，遇到过一次又一次的挫折，常常感觉就要坚持不住了，心里有两个声音在打架，一个声音说"索性放弃吧，别硬撑着啦，这样太辛苦了"，另一个声音说"再坚持一下，别那么轻易地宣告失败"。我更多地听从了第二个声音，才扛过了一次次的挫折。

我经常和我儿子讲我的减肥进展，让他知道我正遭遇什么挑战，也会告诉他我心里的软弱和犹豫，甚至请求他给我一些鼓励。这样的母子互动特别有意义，他似乎也在用他的鼓励和关心参与到我的减肥过程中，我抵抗挫折的心路历程他似乎也一同经历了，可以说，他和我一起经受了抗挫力的训练。

我取得的一个又一个阶段性胜利，对我是鼓舞，对我儿子也是榜样和激励。他看到他的妈妈用一次次的坚持和不放弃，保卫了来之不易的减肥成果，并且挑战了一次比一次更难的减肥目标，他会得出特别乐观向上的人生经验：遇到挫折不用怕，再坚持一下，再努力一下，结果就会大不相同！

我用减肥演绎了一段"减肥减出好妈妈"的奇特育儿经历，这段过程持续了6年左右——从我儿子8岁多开始，一直到他上高中。他在成长，我也在成长。他一天天长高，我一天天变瘦，这段经历鼓舞了我们母子，成为我们记忆中非常难忘的画面。

也许，你没有减肥的需要，但你一定可以找出一件特别需要考验你的自控力以及抗挫力的事，一件既需要勇气也需要责任心的事，你不妨试试用这件事来亲身体验和实践一下"身教胜于言教"的巨大威力。

英语班上最老的学员

<1>

我上学时英语学得不错，工作后用处不大，也就慢慢荒废了。虽然觉得可惜，但总是借口工作忙、事情多，不愿意把英语捡起来。我想，很多妈妈有过类似的经历。

2008 年，上六年级的儿子去美国做一年的交换生，我们利用圣诞假期去探望他。临行前一个月，我突击了一下口语，生怕去了美国之后问路都张不开嘴。这一个月的突击挺有效果，毕竟底子还不错，在美国自由行的一个月没遇到什么尴尬。

回来之后，这件事就又放下了，借口不用找，一抓就一大把。

我儿子回国后上初中，决定在北外补习英语，我每天要开车接送他。给他报名时我就想，我一大早把他送过去，开车回家稍歇片刻，中午再把他接回来，这样会浪费很多时间。如果，我也报一个英语班，他上课时我上课，他下课时我下课，然后再一起回家，这不就两全其美了吗？

唯一的挑战是我要"混进"十几二十岁的孩子中间，成为超龄学员。

但是，重返校园当学生对我极有诱惑力，我跃跃欲试。和儿子商量，不和他报同一个班，免得他不自在。于是，我们俩成了同学，一早起来，直奔校园，他进一间教室，我进另一间教室，他学新概念，我学剑桥口语。

重新拿起课本，和比我小 20 岁的人在同一个课堂里学习，那种感觉太特别了！同班同学有高中生、大学生，也有和我儿子一样的初中生，看着那一张张稚嫩清纯的脸，一双双清澈热情的眼睛，年过不惑的我突然有了时空穿梭般的梦幻感。

回家之后，我会和儿子讨论课堂上的趣事，以及一些语法或发音问题。他虽然对我的学习热情迷惑不解，但看我那么认真地复习预习，不由得也对自己的功课认真起来。

当我以一个和儿子共同学习的同行者的身份和他讨论问题时，很明显地，他的抵触情绪没有了。对于有些英语问题的探讨，让我们尝到了互相启发的乐趣。我发现，他刚开始上英语班时不大乐意的情绪，不知不觉不见了。

而我的收获绝不仅仅是做了一回孩子的陪读者，和年轻的同学们一起朗读背诵甚至参加各种测验考试的经历，让我焕发了生命的活力。我不是为了给孩子当什么榜样而学习，而是为了获得新知的快乐而学习，这种快乐，让我感到自己变得年轻了。

这段经历让我重拾对英语的兴趣，磨叽了很多年的事因为这次陪读，瞬间扫平了心理障碍，在离开大学 20 多年后，我开始重新系统地学习英语。

在孩子上初中和高中时期，我陆陆续续地报了很多短期英语学习班。在北京外国语大学继续教育学院、新东方英语、精英英语的课堂上，我一直是那个年龄最长的老学员。

从刚开始的不自在和小尴尬，到后来的如鱼得水、融洽自如，我渐渐地迷恋上了在课堂上做学生的感觉。和比我小20多岁的孩子们一起读书做作业，我既享受又自豪，看他们猜不出我年龄的可爱样子，我心里乐得开了花。

有一年暑假前，我报了一个托福班，同班同学都是准备出国读书的孩子们。为了和他们打成一片，我背上了双肩背，换上了"波鞋"和帽衫。没过两天，我就和班里另外三个女生凑成了"饭搭子"，每天中午在学校周围的小饭馆里叽叽喳喳，吃得开心聊得尽兴。她们叫我姐姐，还问我："姐姐你研究生毕业了吗？"我忍了两天后终于告诉她们，我和她们的妈妈年龄差不多大。几个妹子惊诧之余，百思不得其解，问我："姐姐，不，阿姨，你为什么来学英语啊？"我开玩笑说："我儿子放了暑假就要上托福，我怕他不好好学，先来听听老师都讲点啥，到时候他就哄不了我啦！"

那次托福班的经历，让我看到很多家长看不到的现象，说出来可能会让妈妈们吃一惊。

首先，如果是家长逼着孩子学托福，孩子的英语水平暂时还没到那个水平，他们在课堂上被老师提问时会很尴尬，听不懂会很挫败。都是年少气盛的孩子，因为这种挫败感，他们不会在课堂上坚持多久，哪怕你为他/她掏了高额学费。我上的那个班，开课时来了70多个人，两天后变成50多个，三四天后基本维持在 30 多个人。有些同学是被家长押送来的，他们一到课间休息就离开了，家长根本不会知道。

其次，我在课堂上发现，很多孩子静不下心来学习。他们不记笔记，不背单词，就那么傻坐着，看似在听讲，实则早就神游九天外了！他们没有从小养成的良好习惯，缺乏专注力和"耐烦力"，总幻想老师能有什么高招妙招，让他们不费力气就拿高分。

身为母亲，不是舍得为孩子花钱就可以高枕无忧，帮助孩子养成一种"耐烦力"（即能够沉浸在一件有意义但枯燥的事情中），对他们的一生都会有益处。

这种"耐烦力"，我们自己有吗？如果我们都不具备，如何帮助孩子去拥有、去掌握？

< 2 >

重新回到课堂上，记笔记，背单词，做作业，让我回归求学时的状态，开始不断考验自己的"耐烦力"。这对于年过不惑的中年妇女来说，是不小的挑战。很多人可能会觉得没必要，但我却在被别人视作煎熬的体验中，有了很多领悟和成长。

我不仅是重返课堂的学习者，还是一位家有青春期孩子的母亲。我的视角很独特，既能看到很多孩子在学习上的心理弱点，也能体会他们在求学过程中的苦闷和挣扎。了解了这些，让我和儿子的沟通变得更顺畅、更高效。

老话说：要想知道梨子的味道，就得亲口尝一尝。很多妈妈离开校园的时间太久，对求学时的记忆已遥远得模糊不清了。如果能有一段重新回到课堂的体验，那你和正在读书的孩子之间可能会增加许多共同语言。

重回课堂的这段经验，我跟许多妈妈分享过。她们和我一样，要花费很多时间、精力陪孩子上补习班。孩子上课的空闲时段，她们大多用来扎堆聊天、刷手机，或到附近商场闲逛。妈妈们觉得，自己的任务是监督孩子好好学习，自己学不学不重要，这辈子就这样了。有位妈妈说得很形象："这么一把年纪了，难道还要成龙变凤啊？"

为什么不呢？如果，自己还有成龙变凤的可能，为什么要放弃？你若有能力成龙变凤，才更有机会带领孩子展翅飞翔。

很多女性做了母亲之后，对自己的要求就放得很低，总觉得只要让孩子有出息，自己的人生就有价值。但是，自我放弃的母亲是不会教出独立自强的孩子的。

我投入很大的精力去学习英语，最主要的动力并不是为了给孩子提供帮助和影响，而是为了满足个人的兴趣爱好。工作之后，我常常有知识耗竭之感，系统地学习新知识，让我有再次充电的活力和兴奋。这种兴奋被我看作年轻的标志。

我先生有一次请他的美国客户吃饭，因为要谈一些私事，不方便让翻译在场，便问我能不能帮忙。我战战兢兢接下了任务，陪先生一起出席晚宴，就像参加一次口语考试。

没想到，多年的学习结出了硕果，我顺利圆满地完成了口译的任务。先生事后夸奖我："本以为你是学着玩呢，能陪着孩子背单词就很了不起了，没想到，还真能派上用场。真的是艺多不压身啊！"

上高中的儿子周末回来后，他爸眉飞色舞地讲述了我充当临时翻译的过程，孩子听得津津有味，看我的眼光也多了几许崇拜，让进入中年后常常感到挫败的我在心里嘚瑟了一把。

后来，我儿子到美国大学读传媒。有一次，教授给他布置的作业是视频采访一位媒体从业者。儿子跨洋向我求助，希望能帮忙找一个采访对象。我的很多老同事、老朋友都在传媒行业工作，我说没问题，只需要把时间约好就行。没想到，视频采访要求全程使用英语，这下把我难住了，我们这个年纪，能用英语接受采访的人寥寥无几。正当我急着琢磨怎么才能帮着儿子解决这一问题时，他却说："老妈，就采访你吧！"

于是，曾经的媒体从业者，在英语班上学习了若干年的老学员——我，就亲自上阵成为儿子的被访者。

视频采访设定为30分钟。儿子先给我看了他的8个采访问题，如果用中文回答当然很简单，但是，用英文接受采访对我还是第一次。我准备一番后，和儿子约好时间，用网络电话（Skype）连线。

儿子和他的一位女同学以男女主持人的身份对我进行视频采访，我们谈到了我的媒体从业经历，职业生涯中的挑战，以及对未来将从事媒体行业的在校大学生有哪些建议，等等。

可以说，采访相当成功。

这个作业完成后被儿子的美国教授在课堂上用投影仪播放时，儿子给我发来了视频。看到一群美国的大学生聚精会神地听我用流利的英文讲述自己的经历时，我为自己狠狠地点了个赞。

必须说，如果没有这么几年的自我折磨和自我挑战，我不仅帮不上儿子这个忙，也不会给自己增加这样一段有趣的经历。

< 3 >

和学习英语同步进行的是我对心理学的学习。在北师大心理咨询师培训班的学习结束之后，我考取了国家心理咨询师资格证书。这让我对心理学的学习热情更加高涨。之后，我又开始在中科院心理研究所读在职研究生，两年里每个周末的奔波让我常常感到疲惫不堪；但在课程结束后，我明显地感到了自己像爬过一座高山一样，充满成就感。

可以说，不断地把自己归零，变成一个从零开始的学习者，可以帮助我们解决很多看似复杂的问题。身为母亲，如果能终生做一个学习者，不畏惧在孩子面前暴露自己的无知，你会因为内心的强大格外被孩子敬重。相反，拒绝学习、拒绝成长，只是对孩子的一举一动指指点点、数落挑剔，做一个毫无建设性的批评者，除了让孩子厌烦，并不会对孩子有任何帮助，还会严重地损害宝贵的母子关系。

有一次，一位母亲和我聊天时说：孩子长大之后，她有一种被掏空的感觉，觉得自己这么多年一直在奉献、在付出，从来没有满足过自己；而孩子大学毕业后不想回家乡，平时和她也联络很少，她感到所有的努力都白费了，因为孩子根本没有回报她的意思；这让她很伤心，很失望。

孩子是年轻的生命，固然需要成长，而母亲是成熟的生命，同样也需要成长。如果母亲以"为孩子付出"为由放弃成长，那么，十几二十年后，面对日渐成熟的孩子，发觉自己不仅身躯衰老多病，而且内心荒芜颓败，就会产生想要孩子回报自己的念头，想让他们回报自己的"付出"和"自我牺牲"；如果得不到回报，就会觉得孩子对不起你、辜负了你。

可是，你让孩子怎么回报你？放弃他/她的人生，迁就你的安排吗？这是你当初培养孩子的初衷吗？

我在陪伴孩子成长的过程中，自己想做的事一件也没耽误，我丝毫没有"被掏空、被耗尽"的感觉，也没觉得自己亏了；相反，因为是被孩子激发起学习和成长的动力，我对他还充满感激呢！

我的儿子还有一年就大学毕业了，他的未来在他自己手中，我不需要他对我有任何迁就，甚至不需要他对我有什么感恩的言行。我没有舍弃自己的生命成全他，没有放弃自己的任何成长机会，也没有做什么可歌可泣的伟大事情，我只是尽了一个母亲的本分，而我的收获远远大于付出。

有一年新年，我们一家三口在饭桌上聊新年计划，我脱口而出："我今年要实现'双百'计划。"

先生好奇地问："什么双百？"

我说："'双百'就是两个一百。"

儿子也好奇了："哪两个一百啊？"

我说："体重达到一百斤，托福考过一百分！"

他们父子俩异口同声地说："你疯了吧？"

当时，我的体重已经从 150 斤减到了 110 斤，我想给自己加加油；至于托福，是因为我很想给正在考托福的儿子鼓鼓劲，告诉他，他的老妈虽然年近半百，也依然要挑战自己呢！

我非常开心自己在这样的年纪还能对柴米油盐之外的"闲事"，有如此大的兴趣和追求，这让我觉得自己一点都不老。

我和一位对亲子关系颇有研究的专家聊起过这段经历，他说："你做的这两件事，减肥和学英语，根本不是'闲事'，而是正事，是很多母亲都忽略太久的正经事——一个愿意付出努力去管理自己体重的妈妈，能让孩子亲眼看到意志力和改变之间的奇妙关联，并因此受到激励，不断地去学习新知识，学习自己感兴趣的新鲜东西——这是一个母亲对求学期孩子做出的最佳示范。"

那些年，孩子教会我的道理

　　做母亲后，我很喜欢给孩子讲道理，总觉得这是家长的责任。为了让这些道理听起来更有深度，我和很多妈妈一样，买过很多亲子关系和家庭教育方面的书。我们以为，善于给孩子讲道理的妈妈就是会教育孩子的好妈妈。

　　当我们习惯于应时应景地给孩子讲道理之后，常常会产生一个巨大的错觉：以为我们就是真理的拥有者，孩子只是受教育者，他们的本分是聚精会神地洗耳恭听。

　　在这个错觉的影响下，当我们看到孩子有自己的看法和见解，特别是和我们不同的看法和见解时，我们是不爽的、排斥的，有可能脱口而出"你一个小孩子懂什么"，甚至"你才多大竟敢教训我"，等等。

　　其实，即使是年幼的孩子，也会对这个世界有他们独特的看法；而且，因为他们毫无偏见，不受世俗框架约束，常常会显露出一种洞悉真相的智慧。遗憾的是，很多为人父母者，被莫名的自大所遮挡，没有领会到这一份来自幼童的真知灼见。

　　我在 20 多年前成为母亲后，最初的几年心心念念的是如何教育好孩子，如何让孩子从我身上学习到什么。

我理所当然地认为：我是智者，孩子是愚者；我是教育者，孩子是被教育者；我是值得被模仿的，孩子应该模仿我。

我这个自大的形象，在我儿子 4 岁时就被他打破了。之后发生的很多事，让我常常陷入喜悦和惶恐交织的状态，喜的是小小年纪的孩子竟然可以洞悉人心，怕的是自己作为母亲的威严会不会就此轰然倒塌？幸运的是，我在犹豫彷徨之后，欣欣然地接受了命运赐给我的礼物——来自孩子的教诲。

"妈妈，你把自己看得太重要了！"

我儿子 4 岁多的时候，有一天晚上，我陪他一起看动画片《猫和老鼠》，看着汤姆被杰瑞整得发狂的样子，我和儿子哈哈大笑。

我俩倚在沙发上，他用小手不时摸摸我的脸，那一刻，我放松又享受。

没想到，一场触及灵魂的谈话马上就要开始了。

他一边摸着我的脸，一边看着电视里跑来跑去的猫和老鼠，对我说出了这样的话："妈妈，我觉得你把自己看得太重要了。"我当时听了一愣，立马从瘫在沙发上的姿势中直起身来，看着他小大人一般的严肃样子，小心翼翼地问："儿子，你为什么这么说啊？"

我儿子娓娓道来："妈妈，我每次坐在爸爸的车上，都能听见你和爸爸聊天，你总爱说这个事那个事还不是全靠我？公司离了我，肯定怎样怎样。你经常这样和爸爸说话。"

我承认，我和他爸经常在车上谈工作，以为这个小家伙只是安静地坐在后座上看窗外的风景，没想到，他一直在旁听啊！他说的是事实，我的确在讨论工作时，不断地强调自己的重要性，因为我认为自己就是很重要啊！

但是，被儿子如此清楚地指出来，我不由得有点底虚，声调明显弱下来："也许，妈妈就是特别能干啊！"

我儿子看着电视里的动画片，慢悠悠地用稚嫩的嗓音说："妈妈，能干当然好，可是你总觉得自己比别人重要就不好了。"

听完他这句话，我一下子哑口无言了。

我觉得自己的脸有些发热，虽然我经常被先生批评"自我膨胀"，但这是我第一次为此感到羞愧。好半晌说不出话来，最后，艰难地说出一句："儿子，你说得对，以后妈妈会多注意。"

说实话，我儿子从小跟我就感情特好，和他爸并没有那么亲密，但他这个"帮理不帮亲"的态度让我更加相信，他是因为爱我才对我说出逆耳忠言的。他也许早就看到我和他爸讨论工作时的气势汹汹，一直想找机会当面"进谏"，所以，选择了一个他爸不在家的晚上，单独和我说，免得让个性好强的我在他爸面前不自在。

了解了儿子的苦心，听到他从一个孩子视角发现的我的自我认知问题，虽然尴尬，但也很欣慰。

这次被儿子教育后，出于好面子，我没有告诉我先生，我怕他会说"看看，连你儿子都看不下去了，我平时说什么来着"。

尽管没告诉先生，我在被儿子教育后还是认真地进行了反思，顺着孩子话语射出的那道光，我看到了贪功好胜的自己，也明白了我先生在我面前常常感到挫败的原因。

"我偷偷地改还不行吗？"我对自己说。

别以为只有我们能看到孩子身上的问题，也许，更多的时候，是孩子在发现父母身上的问题。在成人世界，哪会有人愿意当面对你提出批评？这时候，孩子不掺杂念的批评就显得格外珍贵。配偶的批评常常会被我们误解、抵挡，如果对孩子有意无意之间提出的建议或意见，能够洗耳恭听，也不失为一种对自己的弥补和鞭策。

之后，我在工作中，特别是和先生的沟通中，渐渐地不再那么逞强好胜、自以为是。我按照儿子的提示，看到了别的人，包括我先生，在工作中一直在默默地发挥着重要的作用，只不过他们的个性更低调，不像我这般爱张扬。是我的自大让我对别人的能力和付出视而不见，幸亏我儿子对我进行了及时的教育。

"妈妈，你为什么总是处处想占上风？"

我儿子上小学二年级时，有一次我们一家三口周末出门办事，办完事后，要去远处的停车场取车，我怕孩子走得辛苦，就提出让他爸自己去取，我们就在附近的肯德基店里等他。当时，我先生有点不情愿，说一个人走那么远好闷，我就火了，在路边和他大声嚷嚷，不依不饶地数落了他半天，最后他灰头土脸地自己去取车了。

我和儿子进到肯德基店里，给他要了个冰淇淋，从包里拿出动画书，让他边吃边看。因为是暑天，店里的冷气让我刚才的火气渐渐地小了，我很想和儿子聊聊这个事，本来我想这样问："儿子，你说你爸咋回事？怎么最近总和妈妈吵架啊？"开口之前我琢磨了一下，感觉这个提问方式有预设立场，暗示问题是出在他爸身上。我就没这么问。

年轻时做记者时，新闻老前辈一直告诫我"真相是由聪明的问题带出来的"。所以我不能那么笨地提问，因为我并不是要找出我先生的把柄，证明自己有理，和儿子一起批判他，而是真心想从儿子这个第三者的眼光里，寻找我们夫妻最近总发生争执的原因。

于是，我换了一个问题："儿子，你看，妈妈爸爸最近总吵架，你觉得妈妈有什么问题吗？"

问题一出，我就觉得自己问对了，因为儿子把他最迷恋的《米老鼠》画报合住了。他一边舔着冰淇淋，一边对我说："妈妈，你说说你吧，为什么总是处处想占上风？爸爸刚才已经同意自己去取车了，可你还是不依不饶，一个劲儿地在大马路上训爸爸，而且，你和爸爸说话的口气就像使唤用人，你说爸爸咋能不生气？"

这一番话说得我立马哑口无言，孩子的眼睛是雪亮的，刚才还觉得真理在握的我一下子泄了气。懊恼之余，我试图为自己辩解："我刚才有那样吗？不至于吧？"

我这一辩解，让儿子开启了更强烈的说教模式："妈妈，怎么没有啊？平时在家你也这样啊，总想占上风，说不过爸爸就摔东西，咱家那个木条案的边角不是你砸坏的吗？你觉得有意思吗？"

他说的都是事实，那个价格不菲的核桃木条案，的确是被我在某次气急败坏的时候用儿子的玩具宝剑砍掉了一个角，至今没有粘好，就那么凑合着放着呢！

儿子有理有据的说教，让我无力再做任何辩解，也让我找到了和先生不断冲突的根源。我羞愧自责了几分钟后，决定用一种更积极的方法挽回面子。我当着儿子的面，给我先生打了个电话，我用平时少有的温柔口气对他说："老公，别着急啊，我和儿子在肯德基呢，一点儿都不热，你慢慢开，我们靠窗坐着，你一过来就能看见！辛苦老公啦！"

我先生"嗯"了一声，估计他还没缓过神来，不知道我这一百八十度的大转弯是葫芦里卖的什么药。管他呢！我被儿子批评得口服心服，愿意接受任何惩罚。

回家吃完晚饭后，在厨房刷碗时，我问我先生还生气吗。他说："搞不懂你，一会阴一会晴的。"我把被儿子教育的经过原原本本告诉了他，我先生听了哈哈大笑："老徐啊老徐，你也有今天！我的话你听不进去，你儿子的话总算能听进去啦！"我被他夸张的表情逗笑了。

事后，我先生还表扬我，不管怎样，那天的表现很不错，没有因为儿子的批评恼羞成怒，而且，当场改正，用主动打电话来表态认错，给孩子做了一个知错就改的好榜样。

说真的，我还真不好意思说自己能成为孩子的榜样。我只是不想让孩子看到一个死不认错、顽固不化的妈妈，因为，我不想让爱我的孩子失望。

"妈妈，你看不到爸爸的优点，就会越想越生气。"

我和我先生有一次因为一件事发生了剧烈的争吵，吵到激烈处，谁都不想低头。于是，我摔门而出，冲到北京西站，打算乘高铁离开北京，回老家躲几天。

在车站等车的一个多小时里，我先生因为在气头上，没给我打电话，这更让我怒不可遏，因为第二天就是我的生日，他的"绝情"让我对这桩婚姻感到了前所未有的失望。我几乎哭了一路，回到500公里外的家乡。

我给上高中的儿子发了个微信，让他方便时给我回电话。

儿子课间给我打来电话，听完我的哭诉，他沉默了一会儿说："妈妈，这次的确是爸爸做得不太好，等他想明白后，会给你道歉的。"这句话让我觉得特别安慰，最起码，我的儿子理解我。我愤愤地想："哪怕离了婚，我有这么懂事的儿子，我怕啥？"虽然没有完全消气，但心里好受多了。

之后，我儿子不停地用微信给我发来大段的文字。

他在肯定我的感受之余，写给我这样的话："妈妈，我知道你很委屈，也知道爸爸这件事的确伤了你的心，我也觉得他不对，在你俩争吵的这个问题上，妈妈你比爸爸强，做得比他好。但是，妈妈你有没有想过，你一定有不如爸爸的地方，是吧？爸爸一定有比你强的地方。如果，你总是想着他不如你的地方，看不到爸爸的优点，你就会越想越生气。妈妈，你说呢？"

儿子客观理智又不失安抚的话，让我从愤怒的高烧中退热了，我总不能狂妄到以为我先生没有比我做得好的地方吧？如果我看不到他的优点，当然会觉得自己委屈极了，甚至觉得自己所托非人，连婚姻都没有价值了。

好多妻子像我一样，一旦发生夫妻冲突，就把对方想成十恶不赦的坏蛋，把自己想成那个毫无过错的受害者。我儿子从旁观者的角度对我的提醒，让我看到了自己的思维局限，这时，我的气消了一大半。

第二天，我生日的当天，我先生放下了手头所有的事从北京赶回了家乡，为的就是陪我过生日。他告诉我，儿子给他写了一段很长的微信，没有指责他，只是和他探讨一些处理感情问题的方式方法。儿子说："爸爸，我虽然谈过恋爱，但肯定不如您感情经验丰富，只不过我觉得，对于女孩子，有时候就得让着点，男人认错其实没那么难。我好几次跟我女朋友道歉认错后，她立即就原谅我了，还说，她早就想和我和好了，只不过面子上下不来。所以，我觉得反正两个人还想在一起，谁先去找对方和好不一样啊？"

我先生说，他看了儿子写的微信，特别受教育，一下子就知道自己错在哪里了，并且，特别真诚地向我道歉。

通过这件事，我们俩都对之前的相处方式有了思考，儿子教给我们的道理在之后的很多年都对我们大有帮助，让我们在发生冲突时，能更理智、更从容地解决问题。我学会了多看爱人的优点，我先生学会了主动和好及道歉。

我相信，很多孩子都有能力说出让父母深受启发的处世道理。因为他们了解我们、爱我们，所以他们更容易发现我们的缺陷和弱点，因而，他们的道理就更有针对性，对于父母的成长就会更有帮助。

可惜的是，许多父母不愿、不肯、不敢把自己摆在受教育的位置，因为那样会让他们感到权威丧失、自尊受挫。但是，只要想一想在学校教育中常说的"教学相长"，就明白这是多么正常的事——老师和学生都可以互相学习，父母和孩子怎么就不能互相教育？

父母当然要学习如何教育孩子，同时，我们也可以放下身段，学习被孩子教育。只要你有一颗谦卑的心和一双虚心受教的耳朵，你一定会发现，孩子嘴里能说出让你受益终身的大道理。

会认错的妈妈最可爱

<1>

和妈妈们分享育儿经验，她们中有好多人都对同一个问题百思不得其解，那就是——为什么孩子不爱认错？有一位妈妈声调激昂地说："我的孩子脾气倔得很，让他认错比让他死都难！"

大家对这个问题的讨论，一般会得出两个推断。第一，有的孩子性格顽固，很难让他认错；第二，孩子随爹，孩子他爸就是这么个主，死不认错！如此讨论下来，做母亲的，集体松了一口气，幸亏责任不在自己。

个别家长要求孩子认错的态度是很强硬的，甚至不惜使用暴力，他们嘴上说的是希望看到孩子认错的态度，但实际上是要孩子以"低头认错"来表示臣服。洞悉家长的如此心态，有些性格刚硬的孩子便不惜挨打也绝不"臣服"。这并不是因为他们对自己的行为没有任何反省，而是面对家长的"淫威"，他们会生出几分当壮士的豪气——"对抗威权的英勇"抵消了"拒不认错的忐忑"。

孩子不喜欢认错的另一个更重要的原因，是他们没有见过别人（尤其是父母）自动自发地真诚认错；所以，他们会觉得，认错是无奈，认错就是认怂，如果骨头硬，那就一定要死不认错。

学习认错也是需要有榜样的，家长和老师，都应该成为孩子认错的榜样。遗憾的是，我们常常看到，在家庭里、在学校中，身居高位的家长和老师都是不肯认错的。他们根本不想在孩子们面前做认错的榜样。因为，在成人的潜意识里，认错也是认怂，会威严尽失、颜面扫地。

学习认错很重要，它是一种公开宣告，是承认自己的过失，并愿意为此接受惩罚、承担责任。如果一个人的过失对另一个人造成了伤害，认错和道歉就更为重要。这是受害者获得安慰和补偿的第一步。如果在亲密关系里发生了这样的事，有认错能力的人，显然更容易修复关系、重建亲密。

教会孩子认错，让孩子有勇气认错，有能力认错，家长的责任比老师更重。这不是让孩子表示"臣服"，而是让他学会坦然面对过失，并为自己的行为承担责任。具备这样能力的孩子，在进入社会或组建自己的家庭后，会更自信、从容，更容易获得好人缘，更容易得到他人的谅解和帮助。

"勇于认错、勇于承担责任"这一课，需要家长亲自示范。

不是轻描淡写的一句"对不起"，也不是敷衍了事的一句"好了好了，妈妈也有不对的地方，以后会注意的"，而是带着无比诚恳的心，对自己的过失自责愧疚；不仅痛心疾首地道歉认错，而且随时准备再次认错，多次认错，并愿意为弥补对方所受的伤害做出任何行动。

当认错道歉的对象是自己的孩子时，身为家长的我们，真的能做到吗？

有很多年里，我对青春期时母亲给我造成的伤害耿耿于怀，一直期盼听到她对我的道歉。但这样期待母亲道歉的我，在伤害儿子的情感后，却也丝毫没有向儿子道歉认错的意识，让儿子在很多年里，默默咀嚼着同样的痛苦。

认识到这个荒谬的轮回之后，我决定做和我母亲不一样的母亲，真诚地向我的孩子道歉。

＜2＞

那一年，我儿子上高二，我给他写了一封长信，在信里回忆了很多往事，把我对他做过的很多错事一一回顾。写的时候，自责痛心到时断时续，一边写一边流泪，因为体尝到了孩子受伤害时的痛苦，我禁不住痛哭失声。

我在信里写了很多往事，在那些往事里，我有很多无心之过，也有不少恶意之为。重新回溯过去，让我无比悔恨，对孩子的心疼和愧疚让我恨不得时光倒流，不再犯那样的错。

我在信里写道："妈妈太失职了，让你那么小就受了那么多委屈，在你需要鼓励、温暖的时候，却责怪、挑剔你，你没有怪罪妈妈，一直那么相信我。你是一个好儿子，我却不是一个好妈妈。妈妈今天向你道歉，希望你能原谅我，同时也想告诉你，儿子，妈妈今后会努力改变！"

本来我是想让儿子自己看这封信的，后来，我先生建议我当面念给他。他说，他也有很多需要向孩子认错的地方。

于是，我们一家三口才有了那个难忘的读信之夜，认错之夜。

那天，我忍着哽咽慢慢地读着我写的信，儿子在我身边静静地听着，就像他小时候听我讲故事一样。他看起来不动声色，其实听得特别专心。我读到伤心处，眼泪止不住地流下来，好几次都难受得念不下去了，儿子也在旁边默默地流着泪，孩子他爸早已用手捂住了眼睛。

不知道过了多久，信读完了，我们三个都没有说话，也说不出话了。孩子他爸红着眼睛对儿子说："儿子，爸爸也要请你原谅，抱一下吧！"父子俩就抱在了一起。

过了一会儿，儿子拉起了我的手，慢慢地贴在他的脸上。这是他小时候最爱做的动作，每次我给他讲睡前故事，他都喜欢这样做，一边眯着眼睛听，一边把我的手贴在他的小脸蛋上——我的手心皮肤上，似乎还留着对他的细腻小脸蛋的记忆——眼前的他，已经是个大小伙子了。他的这个动作，仿佛让我回到了从前。我知道他原谅我了，带着所有的回忆和情感，我抱着儿子放声大哭……

认错和道歉，对于受伤的心，有着神奇的疗愈作用。

经过这次读信之夜之后，我看到了孩子巨大的变化——他愿意打开心扉和我分享很多事，也不再对我的建议怀着莫名的抗拒；即使观点不同，也会心平气和地表达看法。我们的沟通变得顺畅极了。

我没有觉得自己失去了"母后"的威仪，反而看到孩子眼里发自内心的尊重，更重要的，他也有勇气告诉我们他的一些"糗事"了，也敢于对他之前的一些思想和行为进行反思和剖析了。我明显感到，我的道歉让他看到了认错的力量，他也变得勇敢起来。

而这次读信道歉只是我认错的第一步，之后的很长时间，我经常有意提及我的错事，无论是平时的饭桌闲聊，还是旅途上的歇息时刻，我都会表达这样的意思："儿子，你小时候那么可爱，妈妈真傻，对你那么挑剔。"我还告诉他："妈妈对好多问题的看法也在进步，早些年没学心理学，不懂自己也不懂你，让你受了好多委屈。"

我不希望道歉只是个仪式，搞完了就结束了。我希望自己慢慢具备这样的能力，让道歉和认错能成为我和孩子之间，以及我和丈夫之间修复关系的黏合剂；尽管我不可能再不犯错，但我希望我能及时认错、真诚改错。

我愿意成为我们家"认错和道歉"这一家风的倡导者和实践者。如果一家人都具备了这个能力，那么在解决家庭矛盾和化解冲突时，还不易如反掌？

值得庆幸的是，经过这些年的努力，我们真的做到了。我先生对孩子毫无架子，稍有不妥就会诚恳道歉。我儿子也比同龄孩子成熟懂事，据他自己说，每次和同学、哥们儿闹意见，或和女朋友吵架，他都有能力最先道歉。这还不值得做母亲的我高兴吗？

＜ 3 ＞

在一次亲子关系课上，我和学员们分享了我向儿子认错道歉的故事。当时，我把写给儿子的信带到了课堂上，当着大家的面，把这封信重读了一遍。尽管时隔多年，但我在读信时仍然情绪激动，现场的学员们也被感染了。

我轻声地读着，他们静静地听着，课堂上有一种特别的气氛。读到一半时，我就听到了抽泣声，我的眼睛也有些模糊。为了不至于失态，我尽量克制自己，用余光看到很多学员泪眼婆娑。

课堂上的学员都是母亲，她们学习亲子课程就是为了更好地和孩子相处。听了我的信，她们想到了自己和孩子之间的一些往事，内心受到深深的触动。

下课后，一位 60 多岁的女士和我交流。她说："徐老师，我刚才听你读信，眼泪就没停，我想起我儿子了，我也欠他一句道歉，他今年都 30 多岁了，你说还有用吗？"

她给我讲了她和儿子之间的故事。原来，她在儿子很小的时候就和丈夫离了婚，因为一个人带孩子，非常辛苦，所以她脾气非常大，常常对孩子发火，也动手打过孩子；孩子挺懂事，大学毕业后工作也不错，但就是性格郁郁寡欢，胆子小，怕得罪人。之前，她还总嫌孩子没出息；听完我在课堂上讲"道歉的力量"，她一下子被击中了，她说她第一次感觉对不起孩子。

我对她说："一点不晚，您的儿子一定在等着您的道歉。"

这位头发花白的母亲含着眼泪说："那我今天晚上就给他写封信，也像您一样，我不想让孩子受委屈了。"

另一位母亲在课程结束后半年，用邮件给我发来了她的故事。

她说，她自己是名校毕业，对上小学的孩子在功课方面要求格外高，每次考试必须达到全年级前 5 名，达不到要求就对孩子百般羞辱。孩子的学习成绩其实已经相当优秀了，但因为达不到她严苛的标准，总是被她斥责。她从没怀疑自己对孩子的态度有任何问题，直到孩子莫名其妙地患上哮喘。因为，她带着孩子寻医问药的过程中，有位老中医对她说："所谓内不治喘，外不治癣，意思是这两种病都和心情关系很大，所以不好治。我可以给孩子开药，但你不能对孩子施加太大的压力了。"

在老中医的点拨下，这位母亲有所醒悟，也开始有意地读一些心理学的书，对于压力对孩子身心健康的损害有了进一步认识。听了我的课，特别是在课堂上听我读了写给儿子的道歉信，她百感交集，也找到了和儿子恢复关系的好办法。

她回家后找了个机会，认真地向孩子道歉，把自己的难过、后悔统统表达出来，孩子哭，她也哭。她说，哭过之后，感到一种从未有过的轻松。

之后，她慢慢地改变了对孩子挑剔强求的态度，让孩子一直紧绷的神经松缓了下来。孩子的哮喘竟然大大好转，连那个老中医都非常惊奇。她在邮件里这样写道：

徐老师，认错和道歉的确需要榜样。我从小被爸妈逼着学习，从来都是我不对，他们没有任何错，我没见过这样的榜样。所以，我当了妈以后，即使偶尔觉得不妥，也不认为自己需要道歉，毕竟是自己的孩子，我做什么不都是为了他好？当妈的还需要向孩子认错吗？

听了您的课，我改变了观念，特别是听到您给儿子写信道歉那一段，我觉得找到榜样了。我也希望能拥有您和您儿子那样和谐美好的母子关系，所以，我勇敢地向孩子道歉、认错了。

现在，我儿子和我特别亲近，什么事都爱和我说，身体也越来越好，喜欢运动，爱好很多，学习成绩并没有下降，看起来比以前活泼开朗了许多。

<4>

认错不是仪式，一年搞一次，或几年搞一次，而应成为一种日常习惯。每当别人指出你的不妥或不当，或者你察觉出不妥或不当，就应随时认错并道歉。

有一次，我们一家三口吃饭聊天，我儿子说起一个当红明星，语气里充满崇拜，我却非常不屑地说："他呀？看起来没什么文化啊，不知道你们这些年轻人喜欢他什么？"我儿子立即不说话了，饭桌气氛也瞬间冷却。

我意识到自己又一次犯了错，先岔开话题缓和了一下气氛，然后诚恳地说："妈妈刚才的说法很偏激，不合适，现在我收回。其实，是我不太懂你们年轻人的文化，我没有权利批评你喜欢的偶像。说起来，妈妈年轻时也迷过周润发啊，唐国强啊，那狂热程度不比你们差！"

我先生赶紧插话："是啊是啊，你妈当年也算是个'脑残粉'，现在老了，追不动明星，只能追我了！"他一说完，我们仨哈哈大笑，化解了我刚才胡乱发言的尴尬。

可喜的是，我先生也愿意加入勇敢认错的队伍当中。

我儿子无意中和我说起一件往事，他有一次回家晚了，被我先生不问青红皂白训了几句。其实，那天他在外面受了委屈，本来想回家后和我们说说，他爸的这个态度，让他根本张不开嘴，于是，窝在心里很多年，直到上了大学后才和我说起。

我把这件事告诉我先生后，他沉默了许久，说："唉，孩子到现在还记得，就说明当时伤得他很重。我找机会和他聊一聊。"

于是，他和孩子两个人一起驾车外出，他开车，儿子坐在后排，看似不经意地聊起往事。他对孩子说："当父亲也是需要学习的，以前爸爸没经验，很多时候犯了错都不知道。那天你妈和我说起那件事，我才意识到当时自己怎么那么粗暴无礼，而且，根本没发现你的神情和平时有什么不同。唉，真是又粗心，又蛮横，现在想起来都不好意思。"

他没有直接说"我错了，请你原谅"之类的话，但他的表达足够真切，我想我儿子完全能接收到他父亲的诚意和悔意。

这一幕是我先生给我转述的，他还挺内疚："还是勇气不足啊，没敢面对面表达，本来应该看着孩子的眼睛说，那样才足够真诚。"

其实，他这一步已经比很多父亲勇敢了许多，我狠狠地夸奖了他。

他向孩子道歉的一幕我虽然没看到，但我看到他们父子其乐融融地一起吃饭、看电影、玩 VR 游戏。孩子去美国上大学后，他们几乎每天微信热聊，话题丰富有趣，像哥们儿、像朋友，彼此信任、互相欣赏。

2018 年春节前，有篇文章在微信朋友圈里获得很高的转发量，光看标题就很有"料"——"中国人春节的尴尬：父母期待孩子的一句感恩，孩子等待父母的一句道歉"。在很多中国家庭里，这是许多孩子不喜欢和父母过年的原因之一。

作为母亲，我想提议，可否从我们这一代母亲开始，不去期待孩子的感恩，而是勇敢地向孩子道歉？

其实，当你成为一个有勇气道歉和认错的母亲，你和孩子的关系就会发生神奇的变化。他们能否当面对你肉麻地表达感恩，我不确定；但你一定会收获孩子对你由衷的亲近和真心的喜欢。这难道不比"跪地"感恩更健康、更美好？

我不要做含辛茹苦、期待感恩的"老母亲"，我只想成为让孩子一想起我就嘴角上扬的可爱妈妈。你不得不承认，会认错的妈妈最可爱。

Part 4

真懂得

理解、接纳、体谅、欣赏

真懂得　理解、接纳、体谅、欣赏

剧作家廖一梅有句话流传甚广，大意是：人这一生，遇到爱，遇到性，都不稀罕，稀罕的是遇到懂得。

父母对孩子的感情也有相似之处。给爱、给钱都不稀罕，稀罕的是给孩子懂得。孩子知道父母爱自己，也未必在金钱和物质上有多么缺乏，但是，真正难得的是，孩子能从父母这里得到外人无法给予的深刻的理解、接纳和体谅。

什么是懂得？懂得就是欣赏他/她尚未被社会认可的优秀，心疼他/她一直不愿被人看到的软弱，明白他/她无理取闹背后藏着的事出有因，看到他/她光彩照人后面躲着的辛苦无奈……如果，父母可以用和这个世界不一样的眼光看待自己的孩子，孩子就遇到了此生最温暖的懂得。

很多父母自以为了解孩子，懂孩子。其实未必。

要想懂孩子，需要把自己的感受放置一边，把对孩子所谓的期望放置一边，需要一个清爽的灵魂对另一个灵魂发自内心的欣赏，需要一个经历过人生风浪的成熟生命对另一个不谙世事的年轻生命有深刻的体谅。哪怕，有时候，这份欣赏和体谅需要与整个世界为敌，也在所不惜。

懂得比爱要难。

爱孩子有时候是出于本能，懂孩子却需要学习，甚至需要修炼。

能够懂得自己孩子的父母是罕见的，也是幸运的，因为他们似乎拥有了超能力，可以逾越这世界的繁文缛节，直接和孩子的灵魂对话；被自己父母懂得的孩子也许并不自知，但他们常常能感觉到自在，不用功成名就也能开心度日，喜欢自己，不拧巴、不纠结，享受做自己的每一天。

愿每一位父母都懂得孩子，愿每一位孩子都被父母懂得。

孩子早恋，喝两顿大酒庆贺一下！

< 1 >

我儿子第一场恋爱发生在刚上高一的时候，这个年龄谈恋爱一般会被学校和老师定义为"早恋"。

虽然说，对于我儿子这样的95后，上高中谈恋爱不算太稀奇，但大多数家长并不会因为这个而开心，最多是无奈地接受。究其原因：男孩子，怕惹出麻烦；女孩子，怕被骗被欺负，甚至害怕被占了"便宜"；无论男孩子女孩子，都怕耽误学习。

我儿子向我通报这件事时，是我开车载他出去办事，他坐后座，行驶在长安街上，他突然说："妈妈，我告诉你一件事。"我没当回事，随口就说："好啊！"结果，半晌没动静，我就追问一句："什么事啊？怎么不说了？"我儿子吞吞吐吐："老妈，那我就说了啊！"我察觉出异样，从后视镜里看了他一眼，孩子也在伸着脖子看我，我就乐了："不用这么藏藏掖掖，不就是谈了个恋爱吗？"

我儿子立即惊叫："你怎么知道？"我笑着说："你看，什么事能让你这么紧张啊？期中考试的成绩已经都知道了，不是学习，就是感情呗！"他一下子轻松了，也笑了起来。我只说了一句嘱咐："自己把握好就行。"

这件事就这么过去了，我儿子估计都没想到会这么简单。回家后，我悄悄告诉了我先生，他略带嫉妒地说："看来儿子还是和你亲，他第一时间告诉的是你。"我赶紧安慰他："儿子这是策略。一般来说，知道儿子早恋，反应强烈的都是妈妈，他必须先把我安顿好了；至于你们当父亲的，还是比较理智的，他没那么担心。"

我把这件事和几个朋友说了，他们的一致反应是：你们两口子是不是缺心眼啊，怎么这么心大啊？孩子刚上高中就谈恋爱，不怕影响学习啊？两个人还争什么谁是第一个被告知的，这有意义吗？无论先告谁，这也是件麻烦事啊！赶紧想办法让孩子悬崖勒马吧！

我听了他们的担心反而哈哈大笑，我说："明明是件好事，应该喝大酒庆贺，干吗那么紧张呢？"

朋友们不解，我给他们慢慢道来。

孩子刚到青春期，因为喜欢异性而谈起了恋爱，是一件值得喝两顿大酒庆贺的开心事。第一要庆贺的是，孩子发育正常，身体和心理都健康，在情窦初开的年龄春心萌动，完美证明了咱家孩子养得挺好；第二要庆贺的是，儿子是在和女生谈恋爱，他的性取向不会给他带来麻烦。

关于第二点，我想多说几句。我觉得，如果孩子的性取向不是异性而是同性，那他这一生要面临的挑战将会比异性恋者大得多，这些挑战，做父母的帮不了太多。我不会嫌弃孩子，但会心疼孩子。如果一场早恋就能早早解除这个警报，还不值得喝酒庆贺吗？

听完我的话，这些朋友连连点头，说，从来没有用这个思路看待孩子的早恋问题，照这个思路，完全没必要因为孩子早恋而紧张、愤怒。

有些母亲可能会问："难道你鼓励孩子那么早就谈恋爱吗？"

我想说的是，恋爱是你鼓励一下就能谈成的吗？如果这办法可行，那么多大龄单身人群欠缺的是鼓励吗？

对于孩子早恋，如果没发生，就让它没发生；如果发生了，就开开心心接受它的发生，乐观积极地看待这件事的正面意义，家长可以不带偏见地和孩子探讨如何把恋爱谈好，如何从恋爱中获得生命的长进。

＜2＞

我儿子的这场恋爱谈得非常好，他迅速成长起来，变得自信、有担当，就连性格中的一些胆怯，也因为这场恋爱得到了很大改观。

我没有见过那个可爱的姑娘，但对她充满感激，她一定给了我儿子很多我和他父亲无法给予的情感支持，也让他对于青春的记忆里多了许多玫瑰色的浪漫。说实话，我和孩子他爸都没有高中谈恋爱的经历，从这一点上说，我们俩都对儿子有点小羡慕呢！用我先生的话说："这小子比我强，我那会儿傻乎乎的，哪有这本事！"

的确，从"生命就是经历"的角度讲，更丰富、更多彩不正是我们所追求的吗？

如果，我在孩子刚开始学习谈恋爱时，对他劈头盖脸一顿臭骂，把爱情的花骨朵给他狠狠地掐掉，让他对谈恋爱这件事充满恐惧、羞愧的第一印象，那若干年后，我儿子会不会因为没兴趣或没能力谈一场恋爱成为大龄剩男？

有家长拿出最有力的反驳武器：不管怎样，谈恋爱影响学习！

谈恋爱难道不是学习吗？这不是人生最需要学习的功课吗？所谓的谈恋爱影响学习，指的是学校里的有考试题的功课，可很多人不都是在没有标准化考试的爱的功课上不及格，才导致人生的悲凉结局吗？

再说，难道不能"功课恋爱两不误"吗？与其阻拦、批判、羞辱孩子，不如和孩子好好讲讲如何把恋爱谈好。

知道儿子谈恋爱后，我会经常和他谈到和爱情有关的话题，有些观点我希望能和他分享——

任何一段关系中，一定要学会考虑对方的感受，谈恋爱更如此。

如果一段感情能让双方都有所成长，就是高质量的。

被女孩喜欢没什么可得意的，能够让喜欢的女孩因为和你在一起更爱她自己，才是值得骄傲的。

爱情不简单，需要不断学习，我这么老了还在学习，你以后的路还长着呢！

不是每一场恋爱都能走到婚姻，但是，每一场恋爱都应该带来更好的自己。

他爸也和他有过关于爱情的探讨，可能会交流一些我无法参与的话题，他们的父子交流因为没有成见而彼此坦诚，对孩子的帮助肯定比指责和训斥更有建设性。

我其实很感谢孩子信任我，在第一时间告诉我他谈恋爱，把我当成他的知心朋友。我也庆幸自己没有辜负孩子的信任，让孩子可以带着父母的祝福安心享受人生第一场恋爱。

如果说，在他高中三年的过程中，我从来没有因为他的功课不够理想而暗自怪罪过他谈恋爱，那也是不切实际的。我能做到的是，从未当面对他进行过情绪化的指责。我知道，他的学习成绩和谈恋爱并无多大关联，并不是没有这场恋爱，他就会变成学霸；而且，我一再告诫自己，学习谈恋爱也很重要，即使因此而耽误一些方程式、电路图、分子结构、名家名篇，也是值得的。

庆幸的是，我现在已经看到了回报，我儿子马上就升大四了，这几年，他能够游刃有余地处理各种问题，和同学相处融洽，和女朋友爱情甜蜜，喜欢自己的专业，对未来有清晰的打算。常听到有些留学生家长诉说孩子不懂事或者不自立，为孩子谈恋爱或不谈恋爱而担忧焦虑。我允许自己偷着乐一会儿。

< 3 >

做一个懂得孩子的家长，需要放弃自己的很多成见，对于孩子独特的想法、追求，努力理解，争取接纳，甚至要顶住内心的压力："我这样是不是太不负责了？我是在纵容孩子吗？"

上高二时，我儿子在暑假突发奇想，要文身。最开始，我和他爸都想反对，但仔细考虑后，我们决定听听他的想法。

他说他考虑很久了，对文身技术做了很多了解，对北京有名气的文身师傅也进行了调查，看起来深思熟虑。我问他："我们反对有用吗？"他摇了摇头，我看他心意已定，就表态："那我们就不反对了，可以提建议吗？"我儿子点点头。

我给他提的建议是：第一，尽量文在穿短袖T恤看不到的身体部位，这样不会太张扬，也不会无端损失某些工作机会；第二，不要文女朋友的名字、爱称等，万一将来换了人，不好处理。

他爸给他提的建议是：可以是英文字母，也可以是图形，但文之前，可否让他看看小样，毕竟，爸爸是平面设计师出身。

这件事没有引发任何家庭冲突，反而成为我们可以在饭桌上平心静气讨论的话题。

我儿子后来和他爸就文身图样商量了好几次，达成共识后，决定实施。

那天，知道他去文身后，我先生一进家门就嘱咐我："等孩子回来后，不管文得怎样，咱俩都要说好——已经文到身上了，就别给孩子添堵了。"我强烈赞成。

临近晚饭时分，我儿子回来了，他兴奋地给我们展示他文在肩膀靠下位置的英文字样，"Love is patient，and kind."译成中文是"爱是恒久忍耐，又有恩慈"。字形设计得古典大方，文得也很漂亮。

我和他爸齐声赞赏，孩子高兴，我们开心，在提醒他这几天不要沾水注意卫生之后，这件事就圆满结束了。

一位知道这件事的妈妈问我："你怎么允许孩子做这样的事？好孩子哪有文身的？要是我，他敢这么做，我就不认他这个儿子。"

对她的这一反应，我在心里默默地说："幸亏我儿子没生在你们家，文个身就不认了！"

但我觉得还是要把我的观点亮明，于是，慢条斯理地回应她："文身不是坏孩子的标志，看一个人好坏，看的是内在的品质，而不是皮肤上有什么先天或后天的印记。如果说，胎记不是坏孩子的标记，文身也不是。"

我的观点并不能让这位母亲认同，而是否能得到她或别的什么人的认同，也不是我在意的，所以，谈话戛然而止，她替我发愁，我一脸坦然。

很多时候，就是这样，我们是去迁就大多数人的看法，还是在确保与人无害的前提下，享有个性表达的自由？当孩子做出和别人不一样的选择时，做父母的敢不敢毫不犹豫地站在孩子这一边？

后来，通过我儿子的一些叙述，我慢慢知晓了他当时为什么要文这句话。他和一个同学发生了冲突，对方对他进行了人身攻击和羞辱，他心里一直憋着愤怒，有想要报复的冲动，他需要用文在身上的这句"爱是恒久忍耐，又有恩慈"来安抚自己，不让那报复的冲动把自己引向恶的深渊。

< 4 >

不少朋友见过我儿子，都夸他懂事成熟，羡慕我省心有福气，我当然很自豪，也承认自己很有福气。但是，如果，没有对孩子很深的懂得，不能在孩子有一些不符合社会常规的举动时坚定地和孩子站在一起，我也会和很多妈妈一样，觉得自己养了一个不省心的糟糕孩子，整日生活在抱怨中。

如果，愿意站在孩子的角度思考问题，允许孩子对事物有一些不合乎我们预想的，甚至看起来"有悖于"正统观念的独特看法，允许孩子做出他/她这个年龄才会做出的某些幼稚举动，并不会让孩子从此就偏离正轨，走向反社会的深渊；相反，来自父母的深切理解和温暖相知，会让孩子对世界抱有更多善意，对自己更加珍惜。因而，尊重和懂得孩子，既不会危害社会，也不会为难自己。

有些父母，对于孩子的个性表达（如文身、染发）如临大敌，对孩子的一些品行不端却毫无警惕。在我看来，在饭桌上大声接打电话，嘲笑别人的长相或出身，对餐厅服务员呼来唤去，甚至吃饭时抖腿、饭后嗑牙花子，都比把头发染成另类颜色要严重得多。

我儿子高中毕业前，把头发染成了当年很流行的"奶奶灰"。在我们一家三口为庆祝他毕业而去台湾旅行时，他就顶着这一头扎眼的"奶奶灰"。旅行团里有很多老年人，我开始很担心儿子灰白的头发会让这些守旧的老人看不惯，想劝孩子戴个帽子挡一挡，后来看天气太热才作罢。

没想到，是我自己多虑了。团里的爷爷奶奶们都对我儿子称赞有加，旅行了几天之后，就有不同的团友和我聊天时夸我儿子，说："你们家孩子真懂事啊，一个人时安安静静，一有人需要帮忙就立即伸手，真是个好孩子！"有位大叔对我说："我观察你儿子好几天了，和一般孩子不一样，特别谦虚，懂礼貌，不像有些半大孩子，张狂得很，看着就不舒服。你这孩子培养得不错！"

在宝岛台湾的十几天旅程中，我一直享受着富有人生经验的长者们对我家另类儿子的夸赞。我很开心、很自豪，也更加深信，一个孩子身上的文身或是不同颜色的头发，并不会让人对他的内在品行视而不见。人民群众的眼睛果然是雪亮的。

如今，即将大学毕业的儿子，聊起他那段被很多人解读为"叛逆"的经历时，是这样说的："那个时候，就想做个文身，觉得酷；现在知道，文了身也不一定酷。还有染发，年轻人总要经过那个阶段，现在的我肯定不会把头发染成那种颜色了，我会用别的方式来表达我的想法和个性。"

我当然觉得现阶段的儿子更成熟稳重，但我也没觉得当年的他就多么幼稚可笑。每个阶段都有不同的生命状态，当妈的就要做一个欣赏者，甚至成为啦啦队员，为孩子的每个阶段欢呼加油。

如果，你是一位母亲，还在为孩子的"离经叛道"而不解和愤怒时，但愿我和我儿子的这段经历能对你有所启发。如果不能对孩子有全然接纳的态度和深入内心的懂得，我儿子在高中时期的早恋、文身、染发，每一件事都足以爆发一场旷日持久的家庭大战，由此产生的冲突也许会导致我们一生关系不睦。

我现在能云淡风轻地描述过去，是因为那些都是有趣的"故事"，而不是惨痛的"事故"。所以，不要为了若干年后看起来没什么大不了的事，在孩子的成长阶段伤了他们稚嫩的心，伤了珍贵的母子情、母女情。

熬夜和赖床，你家孩子敢不敢？

<1>

每到寒暑假期，放假的孩子们就会和父母因为生活习惯发生很多冲突，比如，熬夜、赖床，以及打扫卫生等家务事。

有位妈妈情绪激动地讲了她和女儿的冲突——

她上大学的女儿回家过暑假期间，有一天，她上班前，要求女儿吃完早饭后把家里所有的垃圾都倒了，女儿答应得好好的。晚上下班回来，她发现客厅角落的一个垃圾桶还没清空，就火冒三丈地敲开女儿的房门，让女儿立即去倒垃圾。当时，女儿正在电脑上和同学语音通话，没有立即起身，这更让她气不打一处来。她冲到客厅，把垃圾桶拿到女儿房间一股脑倒在了地板上。女儿和她大吵一架。

这位妈妈觉得自己委屈极了，讲述的时候眼里含着泪。她不理解女儿怎么这么不懂事，其他妈妈也心有戚戚，非常认同把垃圾倒在女儿房间的做法。她们都觉得："不给她点颜色看，她就永远记不住！"

有一位上大三的姑娘给我讲述她的假期生活："我和弟弟有

时候正看电视，我妈下班回来了，立即就会骂我们没眼色，家里乱成这样还好意思看电视。于是，我和弟弟发明了一个方法，每次看电视的时候，一人手里拿一块湿抹布，只要听到钥匙开门的声音，立即开始擦桌子、擦电视，这样才能躲过'一劫'。"

如果倒垃圾、看电视这样的小事都会引发这样的"大战"，若是孩子晚上不按家长规定的时间睡觉，早上不在家长起床后5～10分钟内起床，恐怕会吵得家无宁日了吧？

把垃圾倒在女儿房间地板上，真的是为了帮女儿养成做家务的好习惯？孩子看电视时，不得不抓着个湿抹布，当妈的如果知道后是感到欣慰还是替孩子难过？孩子放假后也不能偶尔熬夜看剧，否则就会被大吼大叫，这样做也完全是为了孩子的健康成长？

静下心来认真思索一下这些问题，是不是觉得哪里不对劲？

一位专注于亲子关系的心理学家这样说："幸福的滋味就是在自己的家里能熬夜、敢赖床。"他在一篇文章中写道：有些人在自己的原生家庭里，从很小的时候起，熬夜和赖床就是一种奢望；他们知道这是不能触碰的红线，一旦犯规，必然会被指责和惩罚；于是，这样的人很少享受到被包容、被宠爱的幸福，在自己家里也必须"夹着尾巴做人"，因为他们知道，必须"表现好"才会被爱。

有的母亲可能会说："对呀，在家里就应该表现好啊！回家后就无法无天、想干什么就干什么吗？我这当妈的就是要让孩子知道什么是规矩。"

可是，很多母亲不知道的是——

规矩多了，爱就少了。

一个人在家庭之外的地方必须对自己有各种约束，回到家难道不可以让自己懒一懒、赖一赖，舒舒服服放松一下吗？一个孩子，在自己家里，因为偷懒没有倒垃圾，因为贪看电视剧忘了收拾房间，因为玩手机晚睡晚起了几次，真的是连伟大的母爱都不能包容的罪过吗？

那位为孩子熬夜和赖床辩护的心理学家说，如果孩子在家能熬夜、敢赖床，说明父母的人格成熟度高，孩子安全感强。

越是内心脆弱的父母越无法接受孩子怡然自得的状态，孩子越舒服，他们越难受，甚至有尊严被冒犯的恼怒——"帮孩子培养好习惯"，其实是他们能拿得出手的、表达攻击的最好借口。

< 2 >

我也曾经为孩子熬夜和赖床恼怒过，几次三番的冲突之后，并没有达到我预想的"让孩子改变坏习惯"的目的，反而让孩子周末或放假回家后，总显得心神不安。他不放松，我也不自在。因为，这不是我理想中一个家应该有的样子。

于是，我放下那些漂亮的借口，试着和孩子感同身受。

回想我的青春期，每到假期，也是我和我妈冲突最多的时候。

我妈是医生。学习心理学之后，我经常半开玩笑地和别人说："我妈有消毒水人格。"她对于我和她不一样的行为习惯不仅不能容忍，而且深恶痛绝，一定要想方设法给我"消毒"，要按照她的方式硬生生地扳过来。

求学期间，在她的"高压"管理之下——我不敢睡懒觉，星期天也要一大早起来背单词；家里要保持整洁，夏天不允许有一只苍蝇出现；如果有男生到家来访，她一定会全程作陪，坐在一边织毛衣。

那些年，我在自己家里感觉不到放松，总像是绷着一根弦似的。她似乎还嫌我自由散漫，经常萦绕在我耳边的是她的教训："大姑娘要有大姑娘的样子！"当我被迫按她的时间表作息而感到苦不堪言时，她对我说："一个没有毅力的人就是没用的人。"

上大学时，每到放假，我都故意在学校磨磨蹭蹭，耽搁好几天才愿意回家，因为实在是不愿那么快就失去自由。

我就这个话题和我先生探讨过，他的感受竟然和我很相似。

他说，每到周末，他想安静看一会儿书，总要被呼来唤去地干家务活，一会儿让剥个葱、剥个蒜，一会儿让把晒的衣服收回来。这些家务活当然应该做，但在看书时左一下、右一下被支派，根本无法享受难得的放松和悠闲。但是，这种感受是绝对不能和母亲表达的，否则就会被指责太自私、太懒惰、不懂事，甚至没良心。

他曾回忆一件往事：我们刚结婚时，有一次他感冒不舒服，我给他做了一碗热汤面端到床边，让他偎在床上吃。他说，那一刻他感到特别幸福，因为，以前在他家，再难受也要到饭桌上吃饭，即使病了，也享受不到被宠着、惯着的待遇。

我问他，你在你父母家能熬夜、敢赖床吗？他连连摇头："哪里敢！"

正是这些我们无法对亲人说出口的小事，造成了我们和母亲的疏远，对家庭也没有那么依恋；但是，我们却让同样的事情发生在自己的孩子身上。难道我们真的想让孩子在长大后，对家的回忆充满难言的不快和郁闷吗？

这样的思考让我突然想通了。我当年没有的待遇，我要还给我的孩子。

我要让我的孩子在自己家像个主人一样自在舒服，不要他回家之后还要像到别人家做客那样，站有站样坐有坐相，总要时时端着、拿着、装着，总怕招别人不待见似的。我不要让我的宝贝儿子在自己家里活得那么紧张，那么委屈，我想让他把在社会上应对外人的面具摘下来，放松自在地做回自己。

不仅熬夜、赖床是被允许的，其他很多生活细节的要求，也要进一步放宽松。我要给孩子的神经松绑，让他从一进家门那一刻，就感到自由轻松。

刚开始，儿子对我的转变很不习惯。他也不敢相信，我这个严厉、挑剔，号称"眼里揉不得沙子"的妈妈怎么突然变了？他小心地观察一段时间后，发现我是真的变了，并没有隐藏着更大的"阴谋"或是在挖一个诱使他犯错的"大坑"，这才渐渐放松了下来。

他的轻松让我心里好舒坦，这才是一个孩子在自己家里应该有的样子啊！

晚上睡觉前，我会问清他第二天早上想吃什么后，和他愉快地道晚安，最多加一句："不要睡太晚了，小心脸上长痘痘！"他也会毫无戒备地回答我："好的，老妈！我知道啦！"

周末或假期，我起得早，会把早餐要用的食材都准备好，然后去他的房间看一下。如果他没醒，我就关门离开，安心看自己的书，等他自然醒来后，再开始操持早饭。

从上高二起，儿子就开始在家里享受这种待遇。如今，将近6年过去了，我可以欣慰地说，当孩子在自己家成为随心所欲的主人时，家才更像个家。

< 3 >

我在很多场合讲过我的这个观点，也在我的亲子课程上有过类似的表述。不论课上还是课下，妈妈们对此的担心都是一样的——那还不把孩子惯坏了？

我要告诉大家的是，当你让孩子在自己家里能熬夜、敢赖床之后，他对家的亲近感、对父母的依恋感会变得特别强。而这种亲近感和依恋感，不仅会让他内心充满底气，在离开家门之后更有能力应对挑战，还会让他学会自律——为了回报家人的爱而约束自己。

当孩子确实地感受到父母的宠爱和体谅之后，他回馈给你的自我约束，远远大于你想强加给他的约束。

上大学后的回国假期，我儿子经常会和同学、朋友出去玩，我只要求他晚上 11 点前回家。但他出门后，每过一两个小时，就会主动用微信向我通报一下情况，告诉我他在干什么，而我根本没有要求他这样做。如果回家时间稍晚，他一定会在路上早早地发微信告知我："老妈，我在回家路上，已经走到哪里哪里了。"我们之间达成了默契，我理解他，他体谅我，他也从未有过不遵守约定的不靠谱行为。

有一次，他去同学家玩，大家难得相聚，想多聊一会儿，他向我申请能否在同学家住一夜。我很了解他的那些同学，他们都来我们家里吃过饭，就一口答应了。过了一会儿，他给我发来一段视频，是他们几个同学在一起聊天的场景。我没要求他这么做，但他的做法真是贴心，让我觉得他值得信任。

我先生解读说："儿子的意思是，他要让你看到和他在一起的是谁，也要让你知道，他们是在哪里——是同学家的客厅，不是什么酒吧夜店之类的地方。这孩子真懂事，怕咱们不好意思多问，就发个视频让咱们放心。"

当孩子知道，你是真正关心他而不是想限制他、控制他，你是真正在乎他而不是想挑剔他、指责他，他对你的敌意、防备就完全没有了，他就会对你产生一种心心相印的亲密感。他舍不得让你操心、难过，不会做出任何不好的事来伤你的心。

就连我已经完全放开的熬夜和赖床的权利，他都会谨慎使用。去年假期，他回国后不再晚上熬夜看剧、打游戏，有时候比我还起得早。我问他原因，他回答说："我想把作息时间调整一下，和你们一起吃早饭。"

我当然开心，只是不愿他有一丝的为难，所以告诉他："你自己安排你的作息时间，未必要和我们一样。我们这个年龄，觉少，醒得早，你还年轻，一定要睡够啊！"

我想，这是很多人希望拥有的母子沟通模式——妈妈心疼孩子，孩子体谅妈妈，互相不为难，彼此感谢对方的付出，在谁也不用迁就谁的前提下，各自活得圆融自在。

当我看透了某些所谓的"家规"不过是父母为难孩子的幌子之后，就毅然决然地把本该属于孩子的权利还给了孩子。他也是这个家的小主人，完全有权决定自己几点睡、几点起，也有权利享受回家之后放松身心、不被各种规矩所累的幸福。

家是休憩的港湾，没必要让孩子总像士兵站岗似的保持"军容军姿"；人生也不是打仗，而是一处又一处等着我们去欣赏的风景。

让我们和孩子一起放轻松。

"别怕，数学不好能咋地？"

<1>

我儿子从小不是学霸，而且，数学成绩格外差。

曾经的很多年，我和他一样为此着急，也找了不少私教给他补过课，钱花了不少，力气使了不少，也不能说没有用，但成效并不大。

我心里有挫败感，对孩子也多有埋怨，嫌孩子这方面不开窍，真是太笨了！嘴上虽然不说，我心里的想法估计孩子也知道。为此，每次一考完数学，他就表现得像惊弓之鸟。

孩子上了高中之后，数学成绩还是六七十分的水平。我无奈，也只好认命。

有一次和我先生聊起这个事，他毫不在意地说："这没什么啊，我上学时数学就特别不好，后来学了艺术，没受什么影响啊！而且，又不是每个人都要当数学家，我开公司做生意，并没觉得自己笨啊！公司有专业的会计，他们数学好不就行了？"

他的不以为意让我的挫败感减轻了许多，同时，我也开始在网上搜索与此有关的文章。真是不搜不知道，一搜吓一跳。原来，从民国开始，就有许多数学不灵光的"大师们"被数学"虐惨"的案例。

"五四运动"的风云人物、《五四宣言》的撰写者罗家伦，当年投考北京大学，数学0分，但校长蔡元培力排众议，破格录取了他。罗家伦后来担任清华大学校长，他独具慧眼，以同样的方式录取了钱锺书。大才子钱锺书投考清华时，数学只得了15分；大学者季羡林投考清华时，百分制的数学卷子考了4分；大诗人臧克家考青岛大学时，数学0分；历史学家吴晗先后考北大、清华，数学全是0分；散文大家朱自清在考北京大学时，数学也考了0分……

不说远的，身处当代的商界奇才马云，第一次高考的数学成绩是1分，第二年再次走进考场，他的数学成绩提高到19分，第三年才勉强考了70多分，上了杭州师范大学。

看完这些名人逸事，我豁然开朗：数学不好并不说明孩子笨，智商低，只不过术业有专攻，每个人有不同的长项；不能因为孩子数学成绩差就口不择言，打击孩子的自尊心。

我对这个问题的看法转变后，再遇到孩子数学没考好时，心里变得淡定了许多。也许是看我准备充分了，儿子很快就送给我一份"大礼"。

儿子的学校每个月有月考。那个月的月考结束后，班主任给我发来了孩子的成绩单。一看到数学成绩，我蒙了——0分！还真考出了0分!! 这个"礼物"给我带来的不是惊喜，而是惊吓。我猜测孩子肯定是旷课没参加考试，不然，一次小小的月考，能有多难？不可能一道题也不会啊！

周末儿子一回家，我就问他："数学考试咋回事？为什么没参加？"他说："参加了，考了。这回老师别出心裁，直接出了5道大题，每题20分，5道题我一道也不会。"

孩子以为我会像往常一样批评他，或者唉声叹气让他难堪，我却说了一句："没事，我以为你没考试呢！不参加考试是态度问题，不会答题是能力问题。"

尽管我看起来和风细雨、毫无责备之意，但儿子整个周末都闷闷不乐。看得出来，他很挫败。我想，他这个0分的成绩一定让他在学校老师和同学面前颜面尽失——严厉的老师对他冷嘲热讽，成绩比他好的同学看他的笑话——我能想象得出来。

在他返校的路上，我开车送他，认真思索之后，对他说了这样的话："儿子，这次数学考成这样，你肯定心里特难过。但是，妈妈要告诉你的是，别怕，这根本算不了什么。数学不好能咋地？这并不说明你比别的孩子笨，只是你的聪明显示在其他方面。你千万不要把这次考试当回事，以后你长大了就会明白，和你的一生比起来，这次小小的考试不算什么！"我儿子听了我的话，半天没吱声，但是，看起来一下子放松了。

我知道这是对他进行"创伤"后心理建设的关键谈话，于是，提高声调为他打气："儿子，你记住，不管别人对你这次考试如何说三道四，你要看轻它，没什么大不了！如果，我是说——如果，有人跟你说什么'数学不好这辈子就完了'之类的话，你未必要和这个人争论，但你一定要在心里对他说：'一边凉快去！'"

我儿子的眼里泛起了泪光，我再次认真地强调："儿子，你给妈妈记住了！"

就这样，我为这次由一张0分卷子带来的命运考题交上了还不错的答卷。

我儿子没有因为数学考了一次0分就一蹶不振，但他知道了自己的弱项，开始在其他强项科目上更加努力。

< 2 >

没有谁是样样全能的，即使有这样的人，也应该允许你的孩子不在其列。

我们的教育体制格外看重分数，尽管这几年"高考定终身"的狭隘路径被打破了，但是，在学校里功课不优秀的孩子难免还是会自卑。

对孩子来说，在认识自己的过程中需要一些参照物，分数就是重要的参照物，这些分数不高的孩子会更多地怀疑自己，不敢坚定自己的志向，对父母怀着说不出的歉疚。

我不敢奢望我的孩子将来能遇到像蔡元培、罗家伦那样慧眼识珠的教育家，只希望自己这个当妈的，在孩子的长项未被证明、弱项却展露无遗时，不要那么短视、狭隘、功利，能够用鼓励和肯定的目光，让孩子看待自己时，多一份自我欣赏的坚定，多一份来日方长的从容。

特别是家有男孩的母亲，更要注意，对一个男人来说，勇气是他这辈子最需要的力量之源，千万别因为孩子某次的考试分数不高或是某些方面技不如人，让你在和别的家长攀比时败了下风，就用疯狂的批评和羞辱挫伤孩子的自尊和勇气，那是最不聪明、最不值得的。

在孩子走向风大雨大的世界之前，我们做父母的，能够给予他们的最好礼物不就是无所畏惧的勇气吗?

孩子一帆风顺、旗开得胜时，自然有掌声和鲜花等着他们，我们的夸赞，多一句或少一句，算不得什么；但他们落败、失手甚至出丑时，来自亲人的鼓励就尤为可贵。如果，这份带着深深理解的擂鼓助威来自母亲，那对于孩子的意义就会更加重大。很多人成年后都说，让母亲自豪开心是他们拼搏奋斗的动力。

我想告诉我儿子的是：放心吧，走你的路，按你的想法过一生，你老妈没那么容易就失望，别说只是数学成绩不好，哪怕你一无所长，只要你是我的儿子，你就是我最引以为傲的宝贝；不为你的所谓成就，只为你是我的儿子，只为我荣幸地成为你的母亲。

那次和儿子因为数学成绩谈话过后，我感觉他不再背着一个无形的壳，变得舒展了、活泛了，敢于展现自己功课之外的才华了，也渐渐地获得了老师和同学的认可。他自编自导的话剧，在学校艺术节上获奖；他当选学生社团社长，带领团队成功举办了好几届校园音乐节；他在学校的演出中因为出色的"节奏箱子（B-Box）"才艺被同学们欣赏；他为大型游戏比赛充当现场解说员……

现在，早已脱离数学"苦海"的他，在大学主修他喜欢的传媒专业。当年被数学课狂虐的经历，已经成为他人生中的趣事。每每聊到这些，他总是自嘲中透着自信和洒脱，全然没有一丝因"不光彩"经历而产生的阴影。

这，不正是当妈的最想看到的吗？

别紧张，孩子只不过爱打游戏

<1>

这几年游戏产业的发展十分迅猛，不仅有各种非常便利的手游，更有逼真体验的 VR 游戏。不得不承认，今时今日，再把游戏当作洪水猛兽的确是不合时宜了。

现在的年轻人几乎没有不打游戏的。对他们来说，一起打游戏就和组队打篮球一样，是一种社交活动，男生女生都会参与，没有什么值得大惊小怪的。

当我们摘下有色眼镜看孩子们的游戏爱好时，就会听到他们的心声，也会对年轻人的世界多几分了解。而我们和他们的关系，一定会因为了解而变得更加美好。

我对游戏产品、游戏产业没有任何偏见，我希望和玩游戏的儿子探讨的是：如何自如地把握玩游戏的时间，不要让玩游戏侵占了正常的生活和学习。

在他上初中后，我对他这样表述我的观点："妈妈肯定会给你打游戏的自由，但是，你要知道，真正的自由不是想什么时候玩就什么时候玩，而是想什么时候不玩就能什么时候不玩。"

　　孩子们当然不可能马上具备这样的能力，我们应当允许孩子在学习进退自如的能力时，有反复、有失控。我认为，只要在观点上达成共识，孩子们慢慢就会驾驭自己的欲望和爱好。

　　不要居高临下指责孩子缺乏自控力，很多成年人不也因为智能手机成为"低头一族"吗？我和我先生定下了不把手机拿进卧室的规矩，但我们经常会犯戒，他犯过，我也犯过。我们尚在学习的过程中，就别把自己看得过高了，要把自己当作和孩子平等的自控力"练习生"。这样，在和孩子讨论自控力时，说出的话人家才听得进去。

　　我就游戏爱好和我儿子深聊过，他知道我不是为日后批判他而"套"他的话，所以对我知无不言。在我问他"为什么那么喜欢打游戏"时，他这样回答："那是一种和一群好朋友同心协力做一件事的感觉，会让你特别有归属感。如果游戏打赢了，还会有一种成就感。"

　　有一次我问他"最近忙什么呢"，他回答说："在忙着招聘一个新的前台。"我好奇地问："你一个高中生怎么会忙这个？"他解释说：他们的游戏战队最近要换一个新的前台女孩，原来的前台是一个低年级学妹，声音很好听，所以被录用了；但是，前段时间发生了他们的队友到别的战队无礼"踢馆"的事件，这位前台女生缺乏应对能力，结果导致对方战队直接找到他们几个管理层，以他们给人家赔礼道歉而告终。

　　我听得目瞪口呆，打个游戏怎么会这么复杂？我儿子给我耐心解释：组建战队需要多种人才，有的人适合当招聘官或教练，有的人适合当队长，有的人适合当队员，还有的人适合做前台公关。不同岗位的人需要互相配合，有时候也需要去物色一些打得好的高手，有的岗位可能还要进行人员调整。这次事件让他们几个管理层决定，要找一个高年级的女生，声音好不好倒在其次，关键是要有处理危机的能力，不能动不动就让队长出面。

听到这里，我哈哈大笑，这和我们开公司组建团队有什么不同啊？

于是，越过我不懂的游戏技术细节，我和他认真探讨了"组建团队过程中如何识人用人"，以及"做一个领导者如何在队伍里摆正位置"。我们因游戏而起的谈话，竟然成为一次对人性的分析及如何协调集体与个体的讨论。

说实话，当看到儿子有理有据地分析他们游戏团队不同岗位的分工和职责时，我真有点小意外呢！孩子们看似玩耍的行为，不一定像我们成年人以为的那样"无脑"和幼稚，抛开成见，走进孩子们的世界，你会有很多新发现。

这次谈话之后，我和儿子的对话层面更深入了，对他的了解也更立体了。

其实，每个孩子进入青春期后，父母都会感到几分陌生。那个对你完全依赖、亲密无间的小家伙，似乎一夜之间就变成一个不爱说话、满腹心事的小大人，你越想亲近他/她，他/她越远离你，很多激烈的亲子冲突就是从这个时候开始的。

我也有过这样的苦恼，为此还偷偷哭过几回，总害怕孩子从此就和自己不亲了，害怕他变成和我寒暄客套的熟悉的陌生人。

我做了很多努力，刚开始毫无效果，在我有些气馁时，意外地发现，从他感兴趣的话题入手，和他做深度交谈，可以帮助我们重建亲密关系。

我很想给当母亲的姐妹们提一个建议——如果你们不把我误会成一个"纵容孩子打游戏"的坏妈妈——这个建议就是，当你觉得和孩子的心不太亲近时，不妨学学打游戏，随便什么小游戏都可以。然后，借着请教和交流的机会，和孩子聊聊功课之外的轻松话题，可以让孩子教你打游戏，你们也可以一起打打游戏。玩着玩着，你们的心就近了，关系就变好了，你说的话他 / 她就慢慢听得进去了。

< 2 >

我儿子上大学之后，因为所学专业是传媒，对游戏的看法也越来越具备专业眼光。他向我介绍了一款在市场上非常受欢迎的 VR 游戏，让我意想不到的是，这个游戏竟然是一款充满温情的怀旧游戏——透过 VR 眼镜，你可以看到非常具有年代感的房间，那些旧家具、旧摆设似乎触手可及，背景音乐也很怀旧。据说好多人玩的时候都哭了。他的分析是，不只是年长的人爱怀旧，年轻人对逝去的岁月一样充满留恋，那些在现实生活中永远回不去的场景，在 VR 技术下逼真还原，让人又置身其中。无论哪个年龄段的玩家，都会触景生情，甚至潸然泪下。

我对他的分析非常认同。的确，产品最难得的是打动人心，但只要能做到这点，想不成功都难。

不仅我发现了儿子对游戏产品有非常强的分析和总结能力，他的同学和朋友也发现了。他们总喜欢让他推荐游戏，也喜欢听他点评游戏。一来二去，他就开了一个专门讲游戏的公众号，用诙谐有趣的语言，从不一样的角度点评并推荐市场上的游戏产品，有些是爆款，有些很小众。我和他爸都是他的热心读者，每每有更新，我们俩都争睹为快，既是对年轻人的世界怀着好奇，也是给儿子的小平台鼓鼓劲，心里美得很！

他在一篇题目是《乡村爱情模拟器》的文章里介绍了一款游戏。在这篇文章里，他把这款美式田园风格的放牧养成类游戏和知名度很高的中国乡土电视剧《乡村爱情》做了嫁接，我看了之后都恨不得给他打个赏了！

他告诉我，在上课之余经营公众号是很好的锻炼。公众号的文章需要不断更新，迫使他不断动笔，这样才会在写作上有积累、有提高。看得出来，他这么多年玩游戏真玩出了一些"门道"，我挺为他开心。

不管他大学毕业之后是否从事和游戏有关的职业，我相信这段经历对他都是很有益的。一个年轻人最可贵的就是，带着对这个世界的强烈好奇心，提出自己的观察和分析，无论切入点是什么，只要引发了思索，带来了认知的提高，激发了正面的情感，他就一定会找到自己的位置，带着热情和才华投身其中，为社会做出应有的贡献。

　　我不知道是否还有家长和我一样，对孩子打游戏不气不恼？其实，看了我孩子的成长经历，大家可以稍微放宽心，并不是只要打游戏就会学坏，这两者之间没什么必然联系。我儿子的打游戏经历丰富了他的人生阅历，不能不说也是一种人生财富。

　　当然，我也知道，很多孩子未必是想从事和游戏相关的职业，他们仅仅把打游戏当作一种爱好和消遣，这怎么就不可以呢？接受孩子爱好的合理性，就会允许孩子不带愧疚地玩游戏，这样他们才更容易学会管理自己的爱好，而不是被爱好所掌控。

　　我儿子每逢放假回家，常常会很懂事地陪我聊天，快到饭点时，我就会对他说："儿子，你去打会儿游戏，妈给你做饭去！"看他那么大个小伙子，一脸幸福地起身走开，我挺自豪这么多年来，在这个问题上没和孩子对峙、冲突，也没为此让孩子感受到不被理解的委屈。

　　别把打游戏当作洪水猛兽，了解越多，误会越少。对游戏如此，对孩子更是如此。

Part 5

智慧爱

让自己和孩子
都得到滋养、成长

智慧爱　让自己和孩子都得到滋养、成长

　　爱有很多种，最难得的是爱得有智慧。

　　美国心理学家斯科特说："真正的爱的滋养，远比一般意义的抚养复杂得多。引导孩子心灵成长和心智成熟的过程，与出自生物本能的养育过程完全不同。"

　　凭着本能去爱，可以轰轰烈烈，但因缺乏思考，常常会因对被爱者的不了解以及对爱本身的不明晰而爱得盲目甚至爱得难堪。

　　父母对孩子凭着本能去爱不难，难的是愿意放下本能，学习爱的智慧，学习智慧地去爱。这意味着为人父母者要在爱意浓浓之时，保持冷静，并能够时时反省自己，是否表错情、示错爱？也意味着要有一颗愿意更新自己的心，不断学习如何爱，如何示爱，如何爱到对方心坎上。

智慧爱，是让爱者和被爱者都能得到滋养和成长的高级的爱。

智慧爱，绝不是毫无反馈意识的单方面给予，而是时时在意对方感受的美妙互动；智慧爱，绝不是以满足自恋幻想为目的的自我标榜，而是以对方感受和利益为出发点的无私付出。

智慧爱，需要终身学习；智慧爱，需要常常否定自己。智慧爱，是把自己放得很低很低；这样，你给出的爱才能变得很高很高。

如果我们可以给孩子智慧爱，这爱就是轻松的、高能的、长久的，得到这种爱的孩子会无所畏惧地活出精彩的样子，我们自己也会因为这样的给予，让不再年轻的生命焕发出新的活力。

给孩子最需要的

心理学家说，爱是一种极为复杂的行为，不仅要用心，更需要用脑。

很多人对这一点认识不足，以为只要心里有对孩子满满的爱，就会让孩子得到成长所必需的养料。他们没有通过思考和学习去弄明白孩子需要的是什么。

孩子在成长过程中最想被满足的三种心理需求是：归属感、自主感和胜任感。如果孩子在这三方面能够得到充分的满足，会让他/她在生命最初的十几二十年里，获得足够一生使用的能量。反之，则会一生处于匮乏感中。

不能不说，每个做家长的都责任重大啊！

孩子的基本心理需求之一：归属感

归属感，是指个体被他人或团体认可与接纳时的一种感受。

心理学研究表明，每个人都害怕孤独和寂寞，希望自己归属于某一个或多个群体，比如，要有家庭，有工作单位，还希望加入某个协会、某个团体。这样，可以从中得到温暖，获得帮助和爱，从而消除或减少孤独和寂寞感，获得安全感。

美国密歇根大学的一项研究显示，缺乏归属感可能会增加患抑郁症的风险。研究人员给 31 名严重抑郁症患者和 379 个社区学院的学生寄出问卷，问卷内容主要集中在心理上的归属感、个人的社会关系网和社会活动范围、冲突感、寂寞感等问题上。调查发现，归属感是一个人可能经历抑郁症的最好预测剂，归属感低是一个人陷入抑郁的重要指标。

归属感可分为对人、对事、对家庭、对自然的归属感。青少年时期对人的归属感较强，中年时期对事业和家庭的归属感较强，老年时期对自然的归属感较强。

青少年的归属感主要从家庭和学校两个来源获得。

"学校归属感"这个概念在教育和心理学领域已经提出了几十年，学校归属感定义为：是一种让学生感觉到自己是班级或学校的重要一员，被他人接受，被他人认为有价值，以及与他人成为一个整体的情感。

帮助孩子在学校更好地融入集体，是增加他们学校归属感的重要手段。父母对此如果有认识，应该在下列几方面有所为、有所不为。

尽可能让孩子在穿着、用品上不要低于同班同学的平均水平，也不要鹤立鸡群，奢华到"没朋友"

如果孩子开始抱怨自己在某些物质方面不如同学，不要简单地斥责孩子虚荣、爱攀比。要知道，如果在这些方面和同学差距过大，会影响孩子在班级中的归属感、融入感，也会影响其他同学对孩子的接纳度。社会很现实，人性也如此，大家往往倾向于接纳和自己相似的人。

同理，家境富裕的孩子也不要在个人用品方面显得过分优越，大家对"土豪"有可能会很羡慕，但不会把你当真朋友。

不要当着孩子的面贬损学校和老师

能进名牌学校或尖子班的孩子毕竟是极少数，大部分孩子都会进入普通学校或普通班。贬损孩子所在的学校、班级，会让孩子以自己所在的集体为耻，继而对自己产生轻视。

老师当然会有素质高低，但是贬损老师并不会帮助孩子更好地改善关系、适应环境。

对学校、对老师保持基本的接纳度，是帮助孩子获得学校归属感的基础。

对孩子在学校的事情要有兴趣，闲聊时要用心，要记住关键事件、关键人名，不要一问三不知

你把孩子学校的事当回事，孩子就会把自己当回事。你的兴趣会引导孩子对学校、对班级关注更多、投入更多，因为他/她会觉得和自己有关的事情是有价值的，同时下意识地希望能和你分享更多。而身处学校集体，漠不关心的态度会导致归属感缺乏，这并不利于孩子成长。

除了帮助孩子增强学校归属感，父母更要增强孩子在家庭中的归属感。这种归属感，可以用另一句话来表述，那就是让孩子不断地确信自己在家里的重要性。

一个人总觉得自己在集体里不重要，就很难对集体产生归属感。孩子在家庭里感觉不到自己的重要性，就不会对自己的家产生归属感。

增强孩子在家庭里的归属感，其实不难，需要做到以下几点。

有事尽量别瞒着孩子

夫妻习惯在家里说"悄悄话"，会极大地伤害孩子对家庭的安全感。如果孩子是独生子女，更容易因此产生"被孤立"的感觉。

除非超出孩子承受能力的事情，家庭里的一般事务，尽量别瞒着孩子。不论是父母近期工作不顺，还是和朋友亲戚的一些矛盾争执，要说，就大大方方地说，要不然就绝口不提，最好不要让孩子有一搭没一搭地听到个大概。一方面，孩子会因为不确定而感到担心；另一方面，孩子会因此觉得自己是"外人"。

多请教，少指责

生活中遇到的很多事，都可以有意请教孩子的意见；对于孩子主动发表的意见、看法，要接纳而不指责。

我在逢年过节给长辈或朋友买礼物时，经常会问我儿子的意见，他常常能说出我没想到的建议。一旦获得收礼物人的好评，我会向儿子反复道谢，并称赞他有想法、有创意。

重大事件，让孩子参与决策

遇到家里和每个成员都有关的大事，比如，买房、装修、搬家、请客、添置大件物品、出门旅游等，一定要让孩子参与决策、发表意见。

不要总觉得孩子小。要知道，在你眼里他/她有多重要，他/她在自己眼里就有多重要。

有些家长会说："他一个小孩子家，懂什么？他说的意见根本就行不通。"

即使行不通也要给孩子发表意见的权利，并且，要像尊重一个成人一样，尊重孩子的每一句话。

我儿子很小就开始参与家里的很多大事，他说出的话往往会让我和他爸大吃一惊，因为他有着和我们完全不同的视角，给了我们很多启发。久而久之，他就成了家里"三人董事局"里当之无愧的一员。位列家庭董事会，孩子自然归属感很强。

永远做孩子的"自己人"

无论孩子和外界发生冲突还是遇到一些挑战，做父母的一定要做孩子的"自己人"，把孩子当作家庭集体里重要的一员，在情感上和孩子保持高度一致。不讽刺、不挖苦、不嘲笑，设身处地为孩子着想，心疼孩子的软弱，不说风凉话，不放"马后炮"，并时刻愿意为孩子"托底"。

很多家长就是因为在这一点上做得不好，失去了孩子的信任，也让孩子失去了对家庭的归属感。孩子悲哀地发现，父母不是"自己人"，一遇到事情就"胳膊肘往外拐"，甚至还不如外人。那种失去后方堡垒的痛苦，会让他们彻底怀疑自己的价值。

我儿子和我讨论过这样一个话题：学校的一些"坏同学"喜欢欺负什么人？他说："他们挺有心眼儿的，专拣那些家里人不向着的孩子欺负。一出问题，老师一般就会通知双方家长，有的同学的家长根本不分青红皂白，回家就是一顿胖揍，这些同学不惜拿出零花钱去'买平安'，可坏孩子还是专门欺负他们。"我听了一身冷汗，忙问他："你呢？让人欺负过吗？"我儿子说："你和我爸这种家长老师最尊重，既讲理还护着孩子，坏孩子也不敢惹，所以，我们同学都可羡慕我呢！"

我不由得长出一口气。

所以，想让孩子和你亲，想让孩子在家里有归属感，想让孩子在外面不受欺负，做父母的，永远要做孩子的"自己人"。

"自己人"当然不是一味包庇、不分是非对错，而是在发生问题时，完全认同孩子的感受，理解孩子的困境，并最大限度地保护孩子的安全和利益。孩子有错，可以回家慢慢教育，但绝不能允许别人对自己的孩子进行身体伤害或人格侵犯。

孩子的基本心理需求之二：自主感

哲学家康德认为，理性的个人，想要成为一个道德的人，就必须具有一种"有意识的选择自由"。这种选择的自由，就是人的自主性。

自主性是行为主体按自己意愿行事的动机、能力或特性。"按自己意愿行事"包括：自由表达意志，独立做出决定，自行推进行动的进程等。

所谓的自主感，是指一个人能够充分感觉到自己有自主性，有选择的自由，可以按自己的意愿行事。简单地说，自主感就是一种"确信可以为自己做主"的主观感受。

有的人终生都没有自主感，而这种缺失有可能始于童年、幼年。失去自主感的人生，有可能衣食无忧，但绝对和幸福无缘。

孩子的基本需求就包括这种宝贵的自主感，这是让孩子一生都能感到"我的人生我做主"的基础，也是让他们掌握把人生主权牢牢抓住的最佳学习期。自主感获得满足的孩子，学习和工作都更主动、更上进、更自信，对社会和家庭责任感更强，更容易战胜诱惑，能够为了更高的目标自我约束。

如何满足孩子在"自主感"上的心理需求呢？

尊重孩子的主权，包括财物的拥有权，个人空间的隐私权

许多孩子在家里没什么主权，因为家长认为："吃我的、喝我的、用我的，你有什么资格和我谈主权？"这样的观念下，孩子的自主性需求会慢慢萎缩，自信心和责任感也会慢慢萎缩。

比如，每到春节就会遇到的"压岁钱"难题，不少家长觉得不该让孩子享有自主权——"妈给你存着！"成了孩子们在网上票选的家庭最大谎言。他们用这种方式揶揄母亲的自作聪明，也自嘲"被骗"好多年。

我儿子从上小学开始可以完全独立享有压岁钱的使用权。我的要求是让他学着记账，他的小账本现在还留着呢，稚嫩的笔体，写着一行一行的数字，在"用途"一栏，有汉字有拼音有图画，反正他能看懂，我也能明白。年幼的他当年做这个事时，认真又自豪。

再比如，孩子小的时候，有些父母为了显示大方，随便把孩子的玩具等用品送人，孩子哭闹还被训斥："怎么这么小气？哭什么哭，我给你买的，怎么就不能送人？"

很多父母不知道，孩子把对于玩具或其他属于自己的物品的情感，当作自我的延伸，家长随便把这些物品夺走送人，对孩子的自我意识伤害很大，他们会产生恐惧，不知道这些本以为属于自己的东西会在哪天消失，对于自我的认同也产生怀疑和否定。这些都会对自主感产生极大的伤害。

所以，不经孩子同意，家长切忌把孩子的任何物品送人。

除了对孩子金钱和物品拥有权的不尊重，更常见的是，家长漠视孩子的私人空间权。

很多家长不允许已经上初中的孩子在自己房间关门，他们觉得孩子不可以有隐私，家长可以在任何时间以任何理由闯入。

有个大学生在网上发布了这样一段话："我是看了美剧之后才发现，原来父母进孩子房间应该先敲门的啊！我活这么大，怎么从来没享受过这种待遇啊？我都20多岁了，我妈在我睡懒觉时还可以进门把我的被子掀掉，我在自己家还不如在学校宿舍活得像个人样。"

没有私人空间会让孩子在家里完全丧失安全感，更别提自主感了。这样的孩子，要么长大后界限不清，不懂得拒绝；要么封闭自己，不喜欢和人交往，不敢尝试任何新鲜事物。

鼓励孩子当家做主，允许孩子自由选择服装、发型、爱好、朋友、专业

自主感的满足对一个人的成长相当重要，主动培养孩子的自主性有助于满足孩子的自主感。

我儿子上小学时，我给他买了两双球鞋，一双黑色，一双白色，相同款式，颜色不同。有一天他上学前，想要穿成"黑白配"，一脚黑一脚白，我犹豫了几秒钟就答应了，他开心地一路与我说说笑笑。周末回家后，我问他，同学老师对他的"黑白配"如何评价，他自豪地回答："他们都说真酷，还问我在哪里能买到这样的鞋。"

鞋子是他的，穿在他的脚上，他想怎么穿都可以。一黑一白虽然不符合常规，但不会对健康和安全有任何损害，也不会造成他人的不适，所以，让他由着性子当家做主，对他的自主感满足很大。

在孩子的自由选择上，父母越早放手，孩子犯错的成本越小。一件衣服选错了，能有多大的损失？发型不合父母意，能有多大危害？爱好、朋友、专业，都可以试错，如果不试不错，孩子会毫无长进，也终将失去选择的激情和判断力。所以，要让孩子在小事上好好练手，长大后才能自主把握人生。

孩子的基本心理需求之三：胜任感

"能力理论"的提出者尼科尔斯认为，人们从事各种活动的目的在于提高或显示自身的能力，获得胜任感。所谓胜任感，是由两部分组成的，即完成任务过程中的掌控感和任务完成后的成就感。

孩子的胜任感，要在学校和家庭中都得到满足。

现今学校教育有很大的欠缺，其中，让大多数孩子的胜任感得不到满足是最令人惋惜的。不少教师的教学目标是以少数尖子生的水平为依据的，讲课一带而过，缺乏"俯就"原则，导致中等及中等偏下的学生，在学业上常年处于无法胜任的挫败感中。这种感觉会严重影响他们的自信和自尊，对以后从事各项工作都不利。

在我们对于学校教育深表遗憾却无能为力的前提下，身为孩子的母亲，就一定要明白如何才能增强孩子的胜任感，避免孩子的挫败感。

首先，不要以为想方设法地让孩子挤进名校、尖子班，对孩子的成长就一定更有利

很多家长认为把成绩一般的孩子送进所谓的"好学校"会显得自己有能力、有面子，也会对孩子提高学习成绩有帮助，毕竟，人家名校的师资力量强，教学质量高啊！

其实不然。家长不知道的是，当孩子身处一群比自己能力强得多的同学当中时，会对自我能力和自我价值产生很大的怀疑，导致挫败感、损害胜任感。挫败感会让他们的学业无法达到家长期望的目标，胜任感的严重缺乏则会对他们以后的人生产生难以估量的负面影响。

其次，帮助孩子建立"以努力为坐标"的胜任感，而不是"以能力为坐标"的胜任感

以努力为坐标的人，认为付出的努力越多，学到的东西就越多，能力就越强，他们倾向于自我比较，只要通过努力使能力得到提高，或掌握了任务，就会产生胜任感。胜任感的强度和努力的程度呈正相关。

以能力为坐标的人，将学习或工作任务看成对自身能力的一种检验和测量，关心的是如何获得高成就，以证明自己的胜任力，避免低能的评价。他们认为努力和能力是一种反向关系——高努力后的失败意味着低能力，高努力后的成功也不代表有能力。在同等成就水平下，努力越少，说明个体越有能力。因此，他们更向往用低努力获得成功。

以能力为坐标的孩子常常会有一套自我价值保护策略：

1. 自我设障，减少努力，宁可四处闲逛也不好好学习，借此避免低能评价；

2. 回避挑战，或失败后表现出较低的坚持性；

3. 回避必要的学习求助行为，以维护自尊；

4. 撒谎，中学生最常见的撒谎原因就是害怕失败。

孩子的胜任感，若以努力为坐标，就会把成果和失败都归因于努力；若以能力为坐标就会归因为能力，那他们为了避免被评价为低能，可能会做出很多不利于自己获得成就的傻事。

做家长的，在这方面要做有意的引导，帮助孩子通过努力获得胜任感，平时也要对孩子的努力，而不是能力，多多肯定和鼓励。

最后，帮助孩子客观看待自己，学会扬长避短

我上高中时，一直在理科班，虽然成绩很好，但却总感到精疲力竭。看起来还不错的数理化成绩是我付出了比同学多很多的努力才换来的。我不喜欢这种拼尽全力的感觉，我喜欢我在文科上游刃有余的感觉。

于是，我在上高三时决定改学文科，虽然家长反对，学校也不设文科班，但我毅然决然地开始自学地理、历史等科目。经过努力，如愿考上了理想大学的新闻系。

这个自作主张的决定让我终身受益，让我成功地避开了自己的弱项，有机会充分发挥自己的长项。无论是高三备考，还是日后在报社、广告公司的工作，我一直有很强的胜任感，那种学习工作尽在掌握的感觉令我非常自信，成绩自然也不会差。

我在发现儿子的数学天赋不高之后，及时地提醒他，应该寻找更擅长的科目，在这些科目上的努力常常会事半功倍。他听取了我的建议，大学选择了传媒专业，果然上大学后的成绩比高中时好很多。

学会扬长避短，也是提高胜任感的方法之一。

成功的路千万条，没必要在一条不擅长的路上死磕。甚至，你若发现孩子对一般学校里所有的功课都不擅长，只对修车、烹饪或美容美发感兴趣，不要紧张，千万别责怪孩子，孩子在这方面的天赋和兴趣，当然是值得自豪的，职业学院就是比普通大学更好的选择。

家长需要克服的，是价值观单一，或攀比心过强。要知道，让孩子获得胜任感的人生选择，才会让他／她绽放、盛开，一直处于较高的成就感和满足感中。

总之，归属感、自主感、胜任感是孩子最需要满足的基本心理需求，家长越明白，越能对孩子有所帮助。获得这些心理满足的孩子，他们的人生状态是阳光的、积极的。所有爱孩子的父母，特别是对孩子影响至深的妈妈们，如果能学会放弃自己的权威观念、守旧观念，以及攀比心，你的孩子就会用充满幸福光芒的人生回报你。

心里有爱，兜里有钱

<1>

一个人的金钱观很大一部分是在他的原生家庭奠定的。这个人在一生中，能否和代表物质需求的金钱有相对融洽的关系，与他的父母对金钱的态度有很大关系。

中国家长似乎不愿意主动对孩子进行金钱教育，或者说，不知道该如何进行。更有一种情况，家长和金钱的关系尚且很不融洽，他们哪有能力帮助孩子建立正确的金钱观？

在我幼年时，我母亲和我父亲赡养着我的曾外祖母和祖父两位老人，还抚养着我和妹妹两个孩子，家里经济状况不富裕，因此我母亲格外节俭，对我和妹妹的要求也非常严格。很多年过去了，我家的经济情况越来越好，我妈仍然保持她一贯的生活习惯，并且时常会批判我和妹妹"大手大脚"。

我在这样的家庭环境中长大，不知不觉中，产生了病态的"花钱罪恶感"。我参加工作后，经济完全独立，每年都给家里添置大件商品，比如空调、彩电等；但只要一给自己花钱，就会浑身不舒服，总有后悔自责的心理感受。

　　这一病态心理，我自己并没意识到，是在结婚后被我先生发现的。他觉得，我好像每次买完新衣服就会情绪低落好几天。他问我："你不满意自己买的衣服吗？"我被问住了。我不是不满意我买的新衣服，只是无法毫不歉疚地享受买东西的快乐。

　　在先生的提醒下，我慢慢有了觉察，我发现我的内心一直有一个严厉的声音在谴责我，那是我的内在母亲。虽然我已长大成人，经济完全独立，但我心理上仍然没有脱离我的原生家庭，我害怕自己的购买行为被节俭的母亲称为"大手大脚"，也为自己没有把更多的钱用在父母身上而自责。

　　回忆过往，有一件事给我的印象格外深刻。

　　以前，我母亲有个保持多年的习惯，就是经常要让我和妹妹看她的袜子，同时指着袜子上的补丁对我们说："你们看看，我的每双袜子都是补过的，你们怎么好意思乱花钱？"每次的现场教育都让我和妹妹羞愧地低下了头。

　　不能不说，我妈用"袜子"当道具，对我和妹妹进行了"血淋淋"的金钱教育。教育的后果当然让我学到了节俭，但也变得无法享受生活，被"花钱罪恶感"折磨得失去了购物的快乐。这其实是一种矫枉过正，并没有帮助我和金钱建立良好的关系。

　　我认识到这个问题后，决定不再被我妈的心理暗示影响，理智地花钱，而不是带着负罪感花钱。

　　很多年后，有一次我去看望母亲，当她又拿补丁袜子对我说教时，我毫不犹豫地打断她："妈，现在不比从前了，袜子破了就扔了，明天我就给您买一打新袜子。"我说到做到，第二天就把十几双新袜子给她老人家送过去了。从此之后，我们家才不再上演这出"一双袜子引发的节俭课"。

反思妈妈对我的金钱教育，我能体谅她的难处，但也看到了——病态的节俭，其实是对缺钱的恐惧，正所谓"穷怕了"。我用很多年时间才治愈了自己的"花钱罪恶感"，对于如何在金钱观上给孩子恰如其分的引导就格外用心，也格外谨慎。

< 2 >

我儿子是 95 后，他的生活环境以及所处的时代和我们当年相差太大。按照我们 60 后的标准，这一代孩子，在生活上哪个不是"骄奢淫逸"啊？但是，时代不同了，孩子们并不会觉得自己多么富有。

发展心理学的研究结果表明，人类从学龄期开始逐渐学会了"社会比较"。上小学之后，孩子们开始根据身边小伙伴的情况来评价自己。如果达到同类平均水平，就会感觉一切正常；如果达不到同类平均水平，就会认为"我的生活很糟糕"。

这就和父母的认知差别过大，父母是拿孩子和当年的自己比，孩子是拿自己和别的孩子比。有些父母不理解这是孩子的正常心理，认为孩子们爱"攀比"，他们想参照几十年前的标准。但是，孩子的参考坐标已经和时代接轨了，孩子看不到父母的过去，看到的只是周围的同龄人，他们心里有一把新尺子。

如果，父母和孩子的"尺子"相差太大，就会产生矛盾。

按照父母当年的标准要求现在的孩子，对孩子是不公平的。这种脱离现实的比较也不会帮助孩子更好地审时度势、量入为出，与金钱建立融洽的关系。

因为我经历过被"花钱罪恶感"折磨的那些年，所以我特别不愿意让儿子有类似的愧疚感，也非常反感某些父母振振有词的态度，比如，"就是要让他们花钱的时候不好意思，就是要让他们知道，大人挣钱不容易，哪能让他们花得那么轻松？"

把正常抚养孩子的花费当作需要孩子铭记一生的恩情，这是很多父母的集体潜意识。不得不说，这样的潜意识只会让家长花了钱也"买不来好"，他们期望的领情和报恩是一厢情愿的。这样的做法，让孩子只会觉得——我被"道德绑架"了。

我和先生对这个问题讨论多次后，决定循序渐进地对孩子进行健康的金钱教育，既不"忆苦思甜"，也不放任不管。我们希望让孩子明白：爸妈在金钱上管教和约束你的目的，是帮助你学习如何和金钱处好关系。

我们定了以下几个原则，互相提醒，共同执行。

给孩子花钱后，不拐弯抹角感叹物价，不数落孩子，不提出附加要求

无论给孩子交学费，还是添置衣物、购买玩具，或是外出旅游之后，我们坚决不提和"钱"有关的话题，避免孩子"多心"致使他产生歉疚感。比如学费如何昂贵啊，衣服花了多少钱啊，旅游一趟花了妈妈两个月的工资啊。

养育孩子花费的金钱，应该是为人父母者在生孩子前就慎重考虑的。既然决定要生孩子，养孩子的过程中，花多花少看个人能力，花完之后总念叨，总想让对方记着，以便日后报恩，就显得特别不成熟，还有点不地道。这种念叨除了让孩子内疚或厌烦，并没有什么正面的积极作用。

有些家长给孩子花完钱后，常常爱说："你看，我们在你身上花了这么多钱，你再不好好学习，你对得起谁？"这种看似激励的话语，会让孩子反感至极。如果为孩子花钱是出于爱，就不该有那么多的附加条件。

用这样的方法对孩子进行金钱教育，会让孩子的内心常常处于冲突之中，他们对于满足正常需要的花费会没来由地产生负疚感，并且担心日后会付出更大的代价。得到新衣服或新玩具的喜悦总要和内疚、恐惧交织在一起，这一幕在他们长大成人后会一次次重演，既想要又害怕，很多心理问题由此产生。

给孩子零用钱后，允许孩子自由支配

从孩子上小学起，我们每周会给他一些零用钱，并且告诉他，可以自由支配，不必向我们汇报用途。

很多家长喜欢让孩子把钱花在"正经事"上，买书啊，买文具啊，不然就不高兴。孩子知道家长的心思后，为了讨好家长，不得不把钱花在家长喜欢的事上，而不是自己喜欢的事上，内心的愿望被深深压抑。

其实，在不妨碍他人的前提下，每个人都有权利按照自己的

意愿来支配金钱。这无关道德。但是，从小被家长暗示要把钱花在"更道德"的事情上，孩子会觉得很憋屈，有的会反抗，有的会渐渐认同。后一种孩子长大后，很可能就变成这样一群人——当某些地区遭遇天灾人祸之时，在网上不遗余力地"威逼"明星、名人捐款，数目都给定好，要求不被满足就疯狂谩骂。他们没有搞明白：你的钱你自由支配，别人的钱别人自由支配。他们对于金钱支配权的归属混乱，也许就缘于父母的教养不当。

给孩子在划定的范围内充分的自主权，可以让他/她有当家做主的责任感，也给他/她犯错的机会，决策权在他/她，犯错后的反思才能帮助他/她成长。如果真正的支配权一直属于父母，孩子只是执行"老板"命令的"出纳"，他/她怎么获得花钱的经验值？

< 3 >

我儿子上初中后，开始和我们探讨如何才能"挣大钱"的问题。他长大了，对于物质世界有了更直观的认识，不再像小时候那样，吃饱、穿暖、有玩具就开心得不得了。他已经知道，钱可以买到很多东西。

我问他："你有什么看法？"他说："开公司就能挣大钱吧？像爸爸那样？"我说："不一定，开公司有时会赔大钱，那可比工薪阶层赔得多。"儿子不解："那怎么才能挣大钱呢？"

我说:"如果你有能力给越多的人提供有价值的产品或服务,你就能挣到越多的钱。"他很好奇:"怎么才能具备这样的能力?"他这么一问,我觉得机会来了。

当孩子有了挣钱的渴望,说明他愿意为自己的欲望买单了。家长千万别觉得孩子想挣大钱是麻烦,是做了金钱的俘虏;相反,如果等他成年后,丝毫没有想挣钱养活自己的渴望,宁愿在家里啃老,那才是大麻烦的开始。

我非常认真地回答儿子的问题,我说:"如果你想拥有这样的能力,就需要不断地学习。那些为社会、为人类提供了有价值的产品或服务的人,因为不断学习,了解了别人的需求,满足了别人的需求,虽然他们未必追求金钱和财富,但金钱或财富自然会成为水到渠成的回报。"

儿子认真地点了点头,他开始思索了。

之后,我会有意和他聊这方面的话题,也愿意分享自己的经验和教训。我给他讲了我辞职的故事。

我在报社工作10多年后,决定辞职,为先生新开办的公司做CEO。之前(1999年之前)我在报社的工资是1000多块。辞职不久后的一天,我在家看电视时,突然在心里问自己:"你辞职的原因是什么?"我回答:"为了寻求更大的发展平台。"这个答案我已经对别人重复多次了,但是,扪心自问时,我不那么确定了。

我又问自己:"如果你一个月可以拿到3000块,还辞职吗?"我犹豫一下说:"还得走。"我接着加码:"6000呢?"我不敢回答了。既然是假想,不妨想到极致:"报社的工资变成一个月

10000 块，你还辞职吗？"10000 这个数字一出来，我的答案立即有了："月薪一万还辞职，那我不是疯了吗？"

半小时的自问自答，让我看到自己辞职的真实原因，就是对于报社待遇的不满意。但是那份工作创造的价值就那么大，而且在当时我所在的小城市，这个工资并不算低。如果我有不满，就要有勇气离开这里，并且有能力向社会提供更有价值的东西，才有可能得到更多的报酬。

我之前不敢向自己承认，我是对金钱有更大的追求才决定辞职的，觉得那样显得自己不高尚，有点拜金。自问自答后我突然明白，如果我有能力挣到更多的钱，为什么不可以试一试呢？这又有什么好羞愧的呢？

我看清了自己辞职的真正动机后，才能为更大的渴望付出相应的代价。所以，每当新工作遇到挑战，产生后悔辞职的心态后，我都会对自己说："报社工作当然舒服，挑战也不大，你干吗要出来？你想挣更多的钱，却不想吃更大的苦，这怎么可能？"自我教育的结果是很快调整心态，精神抖擞地迎接一个又一个挑战。

看到真实的自己，正视自己对金钱的渴望，愿意为此施展全部的才华和努力，让我在辞职后一年就尝到了丰收的硕果。当然，也获得了我想要的更大的发展平台。

我希望我儿子能借着我的故事，能在面对金钱问题时尽可能做到心口一致，不对自己撒谎，不假装清高，不回避欲望，并且愿意为自己的欲望买单。

< 4 >

儿子上小学时喜欢乐高玩具，他在标价不菲的乐高专柜前看来看去，拿不定主意要买哪个。看到他这样子，我忍不住说："儿子，如果喜欢可以买两个。"他不信，看我是当真的，他非常开心，但还是非常懂事地选了一个。我问他为什么只买一个，他说："妈妈，我知道你愿意给我买就好了，下次再买另一个吧！"

这个回答很有深意。孩子年幼，表达能力有限，但只要细琢磨，就能听懂孩子的话。他说的是这样的意思："妈妈，我知道你的大方是因为爱我，这就足够了，我买一个也很开心！"

有时候家长不明白的是，孩子看似哭闹索取，其实是想用这样的方法验证你对他／她的爱，如果得到了证明，确认了爱的存在和爱的稳定，孩子对物质、对金钱的渴望就会回归正常和理智。

有位心理学家说得好，中国家长对孩子进行的不是金钱教育，而是"缺钱教育"。家长为了让孩子感恩、领情，感受父母挣钱不容易，有意无意之间对孩子渲染的是一种金钱的匮乏感和对于缺钱的恐惧感。他们在孩子身上花钱时流露出的勉强、心痛，常常被孩子误读为"爱的缺乏"。

我有时候也会和亲戚朋友说这样的话："钱已经花了，为什么要花得那么别扭？为什么不让孩子舒心地享受你的爱呢？"

同样是给孩子花钱，拉长脸和给笑脸，孩子的感受是完全不同的。只有后者才会让孩子有"被爱"的体验。父母一给孩子花钱就摆出一副苦大仇深的样子，只会让孩子产生这样的念头：

"我是有多么没价值啊,不然怎么会让爹妈花一点钱就这么心痛呢?"这种体验多了,对自我的嫌弃感会阻碍他们身心的发展以及事业的成功,更有可能终身被金钱的匮乏感所累。

一位成功的企业家回忆他在原生家庭接受的金钱教育时,这样说道:"我从小家里并不富裕,但母亲从来不让我们觉得家里缺钱,她会早早地计划安排几个孩子的学费,也会教我们如何攒玻璃瓶、牙膏皮去卖废品换钱,教给姐姐织毛衣,既省钱又要穿得漂亮,让男孩子去稍远一点的地方帮助家里采购土豆、白菜,为的是省出不小的差价。她在金钱上的智慧让我对挣钱一点也不恐惧。大学毕业后从单位辞职创业,一想到我母亲在那么艰苦的条件下淡定从容地安排家里的各项开支,我觉得自己一定能应付各种挑战。"

如果父母和金钱的关系良好,就会在孩子面前展现出对于金钱良好的掌控力,既不担心挣钱,也不害怕花钱。

如果父母总强调自己挣钱多么辛苦,就会让孩子对于挣钱感到恐惧和无力;如果经常在为孩子花钱后表现出不情愿,孩子会觉得自己不配让家长"破费",日后也羞于享受花钱的快乐。这样的孩子,和金钱关系很可能会拧巴很长时间,甚至是一辈子。

我儿子上高中后,我们有一次谈到什么是幸福,我说,如果不是面对电视台的镜头接受采访,我的回答会是——幸福就是"心里有爱,兜里有钱"。

没有爱,只有钱,心里不会有幸福感;只有爱,没有钱,幸福感也会被生存困境挤压到无法感知。只不过,"兜里有钱"的数目每个人会有不同的标准，只要达到你想要的标准就行，并不是越多越好。

同时，我们必须承认，爱有时需要用金钱来表达，或者说，金钱最好的用途就是表达爱。

我告诉我儿子："妈妈在你身上花的每一分钱都是心甘情愿的，你不用想着回报我。你以后也会在你的孩子身上有这种感受，到时候你就明白了，为你所爱的人付出，包括金钱的付出，是多么幸福的一种体验！"

心里有爱，兜里的钱才有意义，才有用途，不只是花在自家人身上，当我们捐给有需要的陌生人时，不也带着对他人困境的关心和牵挂吗？没有爱，兜里的钱再多，内心的匮乏感也会让人干渴难耐。

心里的爱足够多，你就会有动力为你爱的人，为你爱的这个世界，战胜自己的软弱和惰性，克服重重阻力，去创造更大的价值，当然也会挣到更多的钱。

这是我想让我的儿子记住的话。

期望值和马后炮

如何处理好亲子关系，很多专家都从不同角度给家长们提了很多建议。作为一位在抚育孩子过程中有很多教训和反思的资深母亲，我可以从相反的方向，给为人父母者，特别是做妈妈的人，提供一个思路——怎样做会轻而易举地破坏亲子关系。

在破坏亲子关系的种种作为中，有两大"招式"堪称"一击毙命"——期望值和马后炮。

我接触过很多为亲子关系苦恼，甚至被"忤逆"的孩子折磨得痛不欲生的母亲。和她们深聊之后，特别是和她们的孩子深聊之后，我都会发现，凡是父母在和孩子的相处中使用过这两大"杀招"的，亲子关系被破坏的程度都很深。

第一招：期望值过高

这是父母对孩子产生不满甚至愤恨的共同的心理原因。

不得不说，和西方母亲相比，中国的母亲们在孩子身上的投入和付出更多，她们看起来更无私，也更忘我。为了孩子，妈妈们可以做出很多令西方女性匪夷所思的牺牲。比如，忍受多年无爱的婚姻，和"渣男"丈夫厮守一生，只为让孩子有一个"完整"的家；放弃非常有前途的职场升迁，只为更好地照顾孩子。至于放弃外表、放弃身材、放弃做女人的乐趣，那更是不在话下。

如果，借此判断这些女性真的是只做奉献、不求索取，那就太天真了！中国母亲的确付出很多，相应地，她们要求的回报也更多。有人甚至试图用"中国妈妈苦肉计"这样充满讽刺的词语来戳破那层窗户纸。的确，与她们巨大的付出相对应的，就是中国母亲对孩子极高的期望值。

畅销书《亲密关系》中有这样一句刺目的话："通往地狱的路是用期望铺成的。"作者克里斯多福对此这样解释：**"期望会把接受和让人自由等充满爱意的感觉挡在门外。"**

"望子成龙"这个成语是中国家长对孩子寄予极高期望值的最传神表述。大家很少会反思，这四个字所代表的被中国文化所赞许的期待，为什么会成为扼杀孩子天性，甚至造成孩子长大后一事无成的罪魁祸首？

按照正态分布的原则，人群中成龙变凤的概率只有极少数，所有家长都渴望自己的孩子可以成为极少数，就意味着绝大多数孩子肯定达不到父母的期望值。

当我在亲子课程上用投影仪打出这张 PPT——"通往地狱的路是用期望铺成的"，我能感到课堂上母亲们强烈的不适，抵触心理让好多人不仅出现了皱眉、撇嘴等面部表情，有些甚至不由自主地摇头，表示不理解、不认同。

有位母亲说:"我并不希望孩子长大后能成龙啊,变凤啊,但我总可以对他有要求吧?他也应该努力满足我的要求吧?这也不可以吗?"

我打出了另一张 PPT——"没有实现的期望终究会变成愤恨"。

可以说,所有在亲子关系中陷入僵局的妈妈,很少会觉得自己对孩子的要求过高。有的说:"我要求他/她考到班级前 5 名,不过分吧?"有的说:"我希望他/她和别的孩子一样,不要总是喜欢一些奇奇怪怪的东西,这难道有错吗?"还有的说:"我要求不高,考大学进一本已经是底线了,他/她怎么还达不到?"甚至有的会说:"只要进了美国常青藤名校就可以,学校的排名、学什么专业我都不在乎,我觉得他/她努努力是可以达到的,我的要求并不高。"

孩子长大后,家长的期望也会与时俱进——"当个公务员有那么难吗?"或者"30 岁前不管找谁,必须把婚结了!"这几年又有了新内容——"生两个孩子怎么就不可以?"

我知道,在现阶段说"你对孩子的期望本身就是问题的根源",妈妈们可能难以接受。让中国妈妈按孩子的本来样子接受孩子、爱孩子,还是挺有难度的一件事。那么,我们不妨先从"降低期望值"开始,学习如何看到孩子的本相,不再为难孩子。

期望越高,实现的可能越小,由"没有实现的期望"变成"愤恨"的可能性就越大。所以,降低期望值是现阶段中国妈妈急需学习的课程。否则,在孩子成长的过程中,不知有多少妈妈会在心里积攒出沉甸甸的"愤恨",这些情绪爆发之时,不是毁了自己,就是毁了孩子,更大的可能是两败俱伤。

我对课堂上的妈妈们说："你在提要求的时候可以用一个标准来衡量，那就是，经常让你和孩子发生冲突、孩子付出努力仍然难以达到的，或者已经让你们之间的关系受到严重影响的标准和要求，就是过高的期望值。"

很多妈妈不愿接受下面这三个"不一定"：

你想让孩子做到的事，孩子不一定能做到；

别的孩子能做到的事，你的孩子不一定能做到；

你当年能做到的事，你的孩子不一定能做到。

接受了这三个"不一定"，就是允许孩子可以不满足家长的期望，可以不和别的孩子比较，可以不和父母的成就比较。

我曾经也不能接受这三个"不一定"。

我儿子上初中时，是和我关系最紧张的时期。我对他的不满和怨恨主要缘于他在学业上达不到我的要求。而且，我并不觉得自己期望值过高。

我从小学习成绩好，小学四年级上完就跳级上了初中。我一直认为，在学业上，只要你努力，就一定会有好成绩。我觉得我儿子成绩不好就是不肯努力，辜负了我的期望，因而特别愤怒，也特别无奈。我经常面对他的成绩单怒火中烧，冲着孩子就是一顿咆哮，结果，每个周末他回家，我们都会发生剧烈的冲突。

为了缓和我和孩子之间的矛盾，我先生一到周末就拉着我开车出去散心，他在路上给我讲了他艰难的求学故事。

他说："不是所有人都像你一样擅长念书，而且，念书成绩好也不是衡量一个孩子的唯一标准。你看，我小时候念书还不如儿子呢，长大之后不照样找到了自己的人生位置？"

我终于承认，是我的期望值让我们的亲子关系陷入僵局。所以，我让自己柔软下来，以一个朋友的角度了解孩子的内心。我看到，我的儿子和我看待学业的角度完全不一样。我上学时，对于成绩格外在乎，考第一是让我非常开心的一件事；我儿子不是这样，他觉得把宝贵的时间花在记笔记、抄笔记、背笔记上，实在不值得，他喜欢和同学交往，喜欢看美剧，喜欢打游戏、打篮球，喜欢组织各种活动，当主持人、策划人，等等。细细想想，有什么不可以？他为什么一定要和我一样？又为什么必须符合我的期待？

我的调整慢慢见效了。到孩子上高中时，我们的关系完全恢复了，沟通特别顺畅，他重新信任我了，我看他也特别顺眼了。没有了我的高压和指责，他反而自己长大了，在功课上的努力是自觉自愿的，而不是为了满足我的期待。这样的结果，是我们彼此剑拔弩张时根本达不到的。

也许有人会说，你如果对孩子要求再严格一点，说不定他就考上美国排名更靠前的大学了。

说实话，这个说法对我没有一点吸引力。如果我的儿子对我充满怨恨，他考上多么有名的学校于我何益？如果他被自己的母亲逼迫得毫无生趣，母子关系千疮百孔，所谓的名牌学校又于他何益？

很多母亲不愿承认，孩子不是靠逼迫就能成才的。在父母的高标准严要求下，可能会出现两种结果。第一种，属于让你无计可施的，孩子的自我比较强大，他/她用自暴自弃来对抗你——我跑个步，你就让我赛刘翔；打个球，你就让我学姚明；弹钢琴，你就让我比郎朗；那我啥也不干你就没话说了吧？第二种，则是让你心惊胆战的，孩子的自我比较弱，完全被家长的高期望值所绑架，千般努力万般辛苦都达不到爹妈的要求，内心对自己充满否定，最终出现心理问题，甚至精神问题。

其实，孩子的人生本来有多种可能，每种可能都会有不一样的美好，可是，做家长的因为不肯放下自己的所谓期望值，不愿意倾听孩子的心声，也完全不在乎孩子的内心感受，就会把孩子所有的可能都断送了。

第二招：马后炮

这是让孩子受伤后更加痛苦的二次伤害，因而对亲子关系杀伤力巨大。

有些父母似乎对扮演"事后诸葛亮"有瘾。当孩子遇到挫折，办事情出了纰漏，不仅不体谅、不安慰，反而幸灾乐祸地、恶狠狠地，或者阴阳怪气地来一句"我早就知道""我早告诉你了"，然后巴拉巴拉说一大堆，表示自己多么高瞻远瞩，多么有先见之明，听着特别让人反感。

有个女孩从公司跳槽后，在新公司不大如意，有些后悔。家里父母知道后，根本不能和女儿感同身受，而是像抓住什么把柄似的，每天数落她："怎么样？现在知道后悔了？早就和你说不要跳、不要跳，非不听，现在你想哭都找不着调了吧？"

父母的"马后炮"让她不但要应付新公司复杂的人际关系，还要忍受家里人的毫不体谅甚至幸灾乐祸，在新公司的表现非常不好，领导和同事都不满意。她找我诉说时，满脸都是痘痘，气色不好，精神也恍恍惚惚，嘴里念念叨叨："我不该跳槽，我还不如当时别跳槽，你说我是不是有点傻？"真的和祥林嫂似的，看着都让人心疼。

父母经常放"马后炮"，会让孩子感觉在家里特别没有安全感，外面是明枪，家里是暗箭，明枪易躲，暗箭难防啊！久而久之，他们就不愿意和父母分享任何事，也会特别害怕犯错，因为一旦犯错，最亲近的人都会对你冷嘲热讽，怎么敢奢望他人可以包容和原谅？

父母为了掩饰虚弱的自我，不惜以摧毁孩子的自尊为代价来显示自己的一贯正确，把孩子犯错、试错的胆量给吓没了，凭什么可以获得良好的亲子关系呢？

很多孩子长大后，回忆在不同情境下被父母放"马后炮"的经历时，他们这样说："最让人难过的是，父母那句话说出来的时候，往往正是我们遭遇不顺，跌到谷底，最脆弱、最需要家人支持的时候，我们想听到的是'别担心，有我们在'，而不是一句冷冰冰的'活该'。"

这些父母之所以要用孩子的失败去证明他们的英明和正确，是因为他们既不英明也不正确。他们对自己的人生、孩子的人生其实毫无预测能力，他们对未来是恐惧的，对未知是毫无把握的，他们的恐慌让他们的自恋幻想受到了损害，他们不喜欢自己无法掌控局面的无力感。于是，在孩子遇到挫折、糗事、不顺之时，病态的快感就产生了，这些让他们害怕的遭遇发生在了别人身上，而不是自己身上，这不由得让他们长出一口气。

如果是别的"别人"，他们哪敢那么明目张胆地表达幸灾乐祸？但这个"别人"是自己生的、自己养的"倒霉孩子"，那还顾忌什么？痛痛快快地释放恶意吧！因为他们知道，"倒霉孩子能把咱怎么样？我是他爹！我是他妈！"

这是爱放"马后炮"的父母的心理轨迹。如果你知道自己的内心其实是如此阴暗、猥琐，下次孩子遇到事时，还好意思阴阳怪气地说风凉话吗？

在认识到这样做的心理轨迹和对孩子的伤害之后，家长首先要对自我进行认真的审视，要敢于承认是内心深处的恐惧让自己做出了恶意攻击的行为，要接受自己和所有人一样，对未来并不是那么有把握，这不丢人；同时也要承认，自己的孩子也没有三头六臂，犯错、出糗、失败，都是非常正常的，没什么可羞愧的，用不着为此上纲上线，更无须用冷嘲热讽来和孩子划清界限，以显示自己的"英明"。

如果，在进行了这样深刻的自我剖析后，还想对孩子有所弥补，可以做下面两件事。

第一，可以为此和孩子聊一聊，道个歉，未必那么正式，但只要诚意足够，孩子原谅父母比父母原谅孩子要宽容得多。

第二，在今后，无论孩子遇到什么事，也许你未必帮得上忙，只要学会一句话就能让孩子精神振奋，满血复活，这句话就是——"孩子，别怕！有我呢！"

有一位心灵成长营的导师写过这样一篇文章。他说，一个女学员向他请求，能否对她说这样一句话"别怕！有我在"；他非常动情地说了。女学员要求再说一遍，他又深情地重复一遍，就这样，竟然重复了 20 多遍，直到女学员泪流满面、痛哭失声。因为，这是她成长过程中最想听到的话，但也是她在成长过程中从来没有听到过的话。她需要这位导师扮演她的父母，为她补上这一课。

后来，这位女学员在遇到丈夫出轨这样的挑战时，从这句"别怕！有我在"获得了无形的力量，不再以自怨自艾的姿态恳求丈夫，而是勇敢地和丈夫一同面对问题，修复破损的婚姻。

我儿子在美国读书期间，在校外租房时遇到美国中介"货不对板"的恶劣行为，因为不熟悉美国法律，同时提前支付了全额租金，局面非常被动。他打来电话时，我们很为他着急，但也确实帮不上忙，虽然之前的确提醒过他，在中国租房并不是看房之前支付全额租金，但此时，这些废话当然不必多说。

我对孩子说："宝贝，从现在起，妈妈的手机 24 小时开机，不用计较时差，你任何时候都可以发微信打电话，我和爸爸随时都在。而且，记住，你的安全比什么都重要，宁可损失钱，也不损失人。"

有那么两三天，我每天睡觉都不关机、不静音，确保孩子第一时间能和我联系上。

奇妙的是，我们的积极态度迅速化解了孩子的紧张和愤怒，他自己找到了最好的解决办法。

　　建立高质量的亲子关系需要做很多努力，破坏亲子关系反而容易得多。期望值和马后炮这两大"杀招"，使用任何一个，都极有杀伤力，若左右开弓，两招一起用，那对于亲子关系的破坏简直是毁灭性的。

　　身为父母，如果不希望因爱之名换来"血淋淋"的亲子关系，那么，从今天开始，学会降低期望值，学会对孩子的软弱进行呵护包容，争取按照孩子的本来样子接受他／她，爱他／她；学会换位思考，拥有一颗懂孩子的心，你会发现，爱的感觉和幸福的秘诀就藏在良好的亲子关系里。

挫折教育与存折教育

<1>

挫折教育，目前是一种很普遍的教育观点，其主要思想是：如果孩子在成长过程中一帆风顺，会不利于他们将来承担更大的责任，故而，不应该让孩子回避可能遭受挫折的场景或挑战，甚至可以人为地、故意地设置一些挫折，以帮助孩子提高将来在社会上承受挫折的能力。

乍听之下，好像颇有道理，但细想之后，顿觉得毛骨悚然。由爹妈亲手给孩子"使绊儿"，为的是让孩子学会跌倒了如何爬起来，这真的是好主意吗？成长中的孩子，对亲生父母的信任和依赖是他/她面对外界风雨时最安全的堡垒，现在，在最安全的堡垒里这两个至亲却处心积虑地要"暗算"他/她，还有比这更恐怖的吗？

帮助孩子增强抵抗挫折的能力，父母可做的事很多，唯独不能做的恰恰是在孩子背后"使绊儿"，故意让他们摔跤，然后告诉他们这样做是为了帮他们学会跌倒之后爬起来。因为，凡是这么做的家长，往往会使孩子失去了最基本的安全感，孩子长大后，由于安全感的缺乏，其抗挫折的能力只会变弱而非增强。

人为地、刻意地难为孩子、训斥孩子甚至体罚孩子，是不少热衷于"挫折教育"的家长的常用手段。家长们在这个问题上的误区是：在孩子遭遇挫折时，不体谅、不安慰，甚至冷嘲热讽，在孩子求助时冷眼旁观，等着看笑话，以为这样做可以帮助孩子"吃一堑长一智"。

这些家长可能没有意识到，他们的恶劣行为其实是他们内心对孩子怀有的不良情绪的释放，根本就不是为了帮助孩子增强抗挫折能力。

听听这些家长训斥孩子的话，你就会知道，他们心里积攒了多少戾气——

"你不是能吗？这下栽跟头了吧？别以为你离了我们就能上天了，一出事，还不是要乖乖地给我滚回来？"

"你不是翅膀硬了吗？咋灰溜溜地回来了？这下不敢跟你爹我叫板了吧？"

"现在想起来让我们帮忙了？早干吗去了？告诉你，晚了！你自己弄出的乱摊子，自己处理！"

"早就告诉过你，除了你爹你妈，谁会对你这么好？现在遇事了，后悔了吧？后悔也没用了，谁让你不听我们的话，活该！"

这些饱含恶意的话语，把这些父母的心虚和自大毫无遮拦地暴露了。不得不说，只有内心不健康的人才会在同类遇到挫折、险境时出现这样的反应，更何况，他们面对的是自己的亲生孩子。

如果说，溺爱孩子虽然不利于孩子健康成长，但还算人之常情的话；那么，过分热衷于"挫折教育"就真的有些病态了。

他们不可告人的内心是这样的——

在孩子遇到挫折后幸灾乐祸，这缓解了他们自己的无能焦虑；

在孩子受了委屈或欺负后冷眼旁观，这可以杀杀"小兔崽子"的锐气，防止孩子以后冒犯他们的权威。

孩子求助时，在力所能及的情况下不伸手、不解围，这样可以显示他们至高的尊严，更为了让孩子时刻记住自己的身份，以免"犯上作乱"。

我们看到，内心不健康、不成熟的父母，在孩子遇到问题时，首先想到的是自己——自己的面子，自己的情绪，甚至自己的利益。他们没有能力和孩子共情，更没有能力帮助孩子在挫折中学习勇气和自信，他们最没有资格对孩子进行挫折教育。

< 2 >

著名精神分析师曾奇峰老师说："生活中从来都不缺少挫折。人为地制造挫折，特别是由父母来制造，可能会导致孩子的心灵软弱甚至破碎，最终不仅不会使孩子承受挫折的能力增加，反而会使他们连极小的挫折都承受不了。"

有正见的教育专家也指出，真正有效的耐挫教育，不是故意制造挫折让孩子吃苦，更不是时刻保护孩子而不让他们经受挫折，而应该是在孩子面对生活中的挫折时，给孩子适当的鼓励和指导，帮助孩子体会通过努力克服困难、战胜挫折的过程。通过这样的过程，孩子和家长都能体会到成长的喜悦。这才是家庭教育的最终目的。

《未来简史》的作者尤瓦尔·赫拉利说："无论在哪个时代，那些富有勇气，独立而善于思考，且不容易被挫折打败的人，终归会站在金字塔的顶层。"

培养孩子对抗挫折的能力，的确对孩子的一生都会大有益处。很多家长意识到了这点，于是对"挫折教育"有兴趣，想尝试，出发点本没有错。

我们要讨论的是，家长如何做才能真正帮助孩子增强耐挫力。

曾奇峰老师提出的观点是："唯有温暖御风寒。"

他说："只有储备了足够的温暖，我们才经得起严寒的侵袭；如果总是无边无际、从无间断的寒冷，那就是我们无法承受的了。我们毕竟是人，而不是神或者机器。对心灵来说也是一样的，只有得到了很多的满足、温暖、幸福的滋养，心灵才能够经得起挫折、严寒和伤害。对抗挫折的能力，跟获得的爱的多少有关，而跟设计任何'训练项目'无关。或者说，爱是最好的'挫折教育'。"

这是我见过的对"挫折教育"最好的、最形象的解释。

我在养育儿子的过程中也深有同感，与其处心积虑搞"挫折教育"，不如轻松自然地进行"存折教育"。

这里说的"存折教育"是指家长用心地往孩子的情感账户里储蓄爱和关怀。

但是，"存折教育"并不简单。

因为，能真正存进孩子情感账户里的，并不是家长自以为的那些东西。比如，"供你吃供你穿"，那是责任，养孩子必需的花费没必要让孩子领情；比如，"我这辈子一切都是为了你"，那是情感勒索，用放弃自己的人生对孩子进行要挟……

只有那些能真正存进孩子情感账户里的东西，才会在他／她成长的不同阶段用不同的方式"打印"出来，而那些没有显现在爱的存折上的，只是家长的一厢情愿。

＜3＞

我父亲去世已经整整10年了，一想起他，我脑海中就会出现很多美好的画面。他留给我最深的回忆，就是他为全家人做的一顿又一顿美味的饭菜，以及在我人生遇到坎坷时他对我说的那些充满温情和鼓励的话语。

在父亲为我准备的爱的"存折"里，储蓄了他对我的关爱和祝福。我带着这个"存折"踏上人生之路，内心坚定，不慌不忙，就像游子离家后带够了盘缠，饥了买饭累了住店，遇风遇雨都不怕。在当年同龄女孩都纷纷出嫁我却"落单"变成"剩女"之后，怀里揣着这个"存折"，我仍然敢于固执地等，终于等来了真爱。

在我初入商海遭遇失败时，父亲的"存折"是我敢于尝试、敢于冒险的后盾。我深信，他不会笑话我的失误，只会心疼我摔得重不重。有这份稳妥的爱，我的勇气从未消失过，至今如此。

当我成为母亲后，我也希望可以在孩子的情感账户里存进多多的爱，好让他带着一张数字不小的"存折"，策马扬鞭，驰骋天下。

我像父亲一样，在孩子的账户里存了很多顿美好的饭菜以及我们一起进餐时的温馨回忆。每当我和别的妈妈们分享说，我会做100多道菜时，她们常常很吃惊，觉得对一个非专业人士来说，非常了不起。其实，并没有那么难，只要有兴趣，不怕麻烦。

她们说，最难的就是不怕麻烦。

我说，有爱就不怕麻烦啊！

每每想起父亲曾给我们全家做的美食，我都会从心里漾出一股股泉水般的幸福。我不想我儿子将来回忆他的成长阶段时这样说："好怀念当年妈妈给我订的外卖啊！"所以，我很用心地学习料理知识、营养知识，用一次次的尝试提升自己的厨艺。

功夫不负有心人，很快我就成为儿子口中"最会做饭的妈妈"。他从小学开始，就非常喜欢把同学请到家里吃饭，看到同学吃得香，他就一脸得意。现在上大学了，每年回国假期，他仍然要在家里请客，为的是让好哥们儿都尝尝"亲妈"的好手艺。我当然也乐此不疲。

现在的孩子不喜欢听大道理，与其用大道理把孩子推远，不如用美食把孩子拉到餐桌旁。全家人一起进餐的时刻，是孩子内心最柔软的时刻，他/她会把感受到的美味和爱的氛围深深印在记忆里，也会把父母在餐桌旁说的话记在脑海里。

我们家的餐桌话题很宽很广，时事新闻、明星八卦、学校动态……都会涉及，但我也会"插播"一些"硬"话题，下面这些可以称之为"家训"的话都是在就餐的轻松愉快中"插播"进去的。

任何时候坐任何人的车，在任何位置，都必须系安全带

这条家训是我儿子刚上小学时就开始给他灌输的，他不懂为什么的时候就牢牢记住了，并且在我每次扭头查看坐在后座的他时，都无一例外地遵行了。他长大后，这个习惯一直保持得非常好。

这是我悄悄存进他"账户"里的。年幼时他不知道，现在当然明白了为娘的苦心：好习惯才能让爱你的人放心。

任何时候都不难为自己，也不为难别人

我不鼓励孩子逞强，扛不住就不扛，或者歇一歇再扛。如果有可能，不要让心里积攒太多的委屈，承认自己是凡人，能力有限，这才是心态健康的标志。我反复告诉他："有事要和家里人商量，爸爸妈妈不一定帮得上你的忙，但我们永远是你的后盾。"

我还告诉他："对待别人，无论是服务员、快递小哥，或是有求于你的人，别为难人家，那样不仅显得没教养，更会让你不知不觉损失人品。没了人品的人，做啥啥不成，再聪明也没用。"

我家常年给快递小哥备着饮料、点心，无论谁收快递，都会习惯性地用这些东西表达谢意。儿子上大学后还专门就此和我讨论过，他觉得这种方法比美国人直接给小费要更符合中国国情，表达更自然，双方都舒服。

我当然希望我的孩子走向社会后，有许多人帮他，我的责任就是让他先具备被别人帮助的品质。如果，他真能如我所愿，日后常有贵人相助，那不是减少挫折或应对挫折的最好办法吗？

<　4　>

"存折教育"并不容易，不仅需要长期坚持表达爱的行动，还需要充满爱意的规劝和引导的话语。同时，当孩子遇到挫折或表现不佳时，父母恰当的表现就是往账户里"存"了一大笔"钱"。

记得我 20 多岁时，有一天父亲让我帮他去给家里拉蜂窝煤。那天很冷，我正处在恋爱不顺的烦恼阶段，非常不情愿地跟在父亲后面到了蜂窝煤厂。结果，那天拉煤的人特别多，我就更没好气了，不仅拉长了脸，而且抱怨父亲不该选这个"倒霉"日子。

父亲没有责怪我，他只是轻声说："很快，我觉得很快就排到我们了。"然后，用特别疼爱的眼神看了我一眼。我当时一下子就羞愧了，而且，很多年后想起那天的不懂事，都觉得自己不可原谅。

父亲知道我正经历一些坎坷，他体谅我，不忍心在我"失态"的时候批判我，他知道我是个懂事的好女儿，要不是遇到情感上的挫折，也不会如此言语唐突、行为乖张。所以，他看我的眼神里包含了他对我全部的爱，没有一丝的责备。我现在回想起来仍有想哭的冲动。

之后，我再也没有那样任性过，同时，也慢慢学会了如何管理自己的情绪，特别是，学会了不要对爱你和在乎你的人冷眉冷眼。这一领悟，让我在处理后来和老公、孩子的关系上，受益匪浅。

我儿子的初中三年是他表现最叛逆的时期，他好像成天憋着火，随时想和我们吵架，有好几次我都有狠狠地训斥他的冲动。但是，我一想起当年父亲那慈爱的眼光，就顿时没有火冒三丈的感觉了。我对先生说："咱们不急，先把自己的情绪解决好。孩子正值青春期，有无名火也正常，想想咱那个时候，也挺不招人待见的。"

我现在都为自己当年没有狠狠训斥孩子而感到庆幸。后来，我见过太多"青春期的娃遇到更年期的妈"，没控制好情绪的妈和火力正猛的娃"正面开战"，结局是两败俱伤，好多家庭的亲子关系都是在孩子的青春期遭到严重破坏的。

青春期的孩子情绪波动大，很多时候会行为反常，需要做父母的体谅包容，过了这个时期，他们自然就会有反省，也会对父母的忍让格外感激。成长中的孩子，在各方面都会犯错，父母对于这些过错的体谅会让孩子记在心里、暖在心里。当然，也是很好的"存折教育"。

我儿子上高中后，我决定给他按季度发放零用钱，他很开心，因为可以一下子自由支配那么多钱。但是，一个月后我发现，他好像把零用钱花光了，这的确让我有点恼火，于是，我问了他情况，他也承认是自己没管理好花钱的速度。

这时候，挑战来了，是借着这个事狠狠地羞辱他，让他牢牢地记住这个教训，还是心平气和地理解孩子的超支是因为缺乏经验？我努力控制好自己的情绪，和孩子认真探讨了如何把"小金库"管好，然后，提出一个方案，先"借"给他一部分生活费，供他在剩下的两个月内使用，等下一季度时，我还是按照从前的方式和原来的数额给他发放生活费，那时他再慢慢"还"回我"借"给他的钱。他点点头同意了。

事后我和先生商量这个事。我说："孩子第一次自己管钱，难免冲动花钱，这并不说明他不懂珍惜，别急着给孩子扣帽子。我'借'给他的这部分钱金额不大，这样他下个季度还钱的压力也不大，同时，也算是让他体验一下财务超支之后可能遇到的窘迫。但是，他一个大小伙子，又是住校的孩子，有什么急事家里也帮不上忙，不能让他手头太紧。所以，你偷偷地补贴孩子一下，周末他出去玩时，给他兜里塞点钱，这样，既不破坏规矩，也别让孩子真的遇到尴尬。"

我先生完全同意。于是，我看似严厉的规矩和他爸温情脉脉的补贴相得益彰，让孩子既学到了教训，也感受到了家长的体贴。这样带着爱意的惩罚让他明白，惩罚针对的是行为，而不是人。

此后，他管理金钱的能力大大提高，再没有发生过上述类似情况，而且，他并没有因为这件事对我们心有余悸，而是更加信任。

这件事过后，我对于类似事件更有把握了。那就是，**在孩子犯错时、失败时，最需要家人的温暖和心疼，只有足够的爱，才能让他尽快从低谷走出，才能帮助他恢复自信。**

　　父母在这些"危难"时刻的表现，都会被孩子默默地存进情感账户里，在爱的"存折"里多出一个又一个不小的数字。别小看这一次次的累积，当孩子长大后，带着这个"存折"行走江湖，他／她就能坦然无惧地经风雨、见世面，遇到怎样的挫折都不会心里没底，更不会因为缺爱而失去对抗挫折的勇气。

和孩子沟通，要对还是要赢？

<1>

沟通，是信息和情感的交流和互换。听起来不难，但是，很多在职场上、社会上，和朋友、和同事、和上下级都能顺畅沟通的人，却总是在和孩子沟通时，表现出力所不能及的窘态。他们常常感叹："现在的孩子怎么了？简直没办法沟通，软了不行，硬了也不行，当个爹妈也太难了吧！"

我也曾经有过这样的困惑。在儿子进入青春期后，我突然感觉和他的对话变得无比艰难，说什么他都不爱听，怎么说他都无动于衷。这对多年从事媒体行业、一直自认为能言善辩的我来说，挫败感相当深。

有好多次，在我和他讨论学习问题时，他都摆出一副冷漠脸，似乎在说："来吧，说什么都可以，哥们儿扛得住；但是，别指望我会听你的。"一看到他这种表情，我就想发火，但又不得不压住。这种强忍怒火的沟通，效果肯定不好。

我也曾反思过自己，说话的口气不对？过于居高临下？还是对孩子的心理摸不透，以至于沟通的话语说不到对方心坎上？

直到前不久，看到一篇讨论亲子沟通的文章，我才找到了当年被孩子"嫌弃"的原因。著名心理咨询师李松蔚老师在一篇文章中说，如果家长在和孩子沟通时，对话的出发点是"你这种想法是有问题的，我跟你沟通的目的，是要耐心地、有技巧地、循循善诱地帮助你意识到你的问题"，那么，沟通就注定无效了；因为，家长这么想，就意味着他们根本没有和对面的那个人——孩子，身处同一个世界。

两个世界的人，如何对话？

真的是这样！当我想和儿子好好沟通时，往往是他的某一个行为被我认为是"有问题"的时候；我和他对话的目的就是要帮他认识问题，进而改正问题。孩子多聪明啊，我还什么都没说呢，他从以往的经验中就知道，"又来了！又要给我来这套！"所以，摆出一副兵来将挡水来土掩、以不变应万变的架势，来应对我即将对他进行的"改造"或"洗脑"。

不得不说，家长很多时候自以为平等和民主的"沟通"，就是想对孩子进行"思想改造"和"意识洗脑"，孩子怎么会不厌烦不抗拒？

李松蔚老师在文章中指出，对于孩子出现家长看不惯的行为或想法，最常见的就是用一种最简单也最粗暴的逻辑来做一个负面的解释：你之所以这样想或这样做，是因为你有问题。

至于问题是什么，家长会根据具体情况来具体认定，比如：幼稚，不懂事，不体谅父母，没有上进心，不懂人情世故，甚至，被别人骗了，等等。一旦家长用这样的解释来看待孩子的问题，就失去了从对方立场来理解这件事的能力。

　　而这个能力——从对方立场理解事物的能力，才是真正有效的高质量沟通的基础。

　　我看到儿子的学习成绩一直达不到我的期望，就认为是"他有问题"，问题在于他"缺乏上进心，并且不体谅父母为他的付出"。我听到儿子讲和同学之间的一些矛盾，也认为"他有问题"，问题在于他"太幼稚，不懂人情世故"，而且，"竟然不按照我说的方法去为人处世"，所以，不碰壁才怪。

　　在和儿子沟通对话前，我不仅有了预设立场，而且对问题有了固化的解释。在这个我没有意识到的前提下，如何能进行一场我表面上期待的"平等民主"的对话？

　　难怪孩子们那么反感家长所谓的"沟通"，谁喜欢和一个有预设立场的人假惺惺地进行"平等的"对话啊？

< 2 >

　　许多家长，包括我在内，和孩子沟通时，最关心的是谁对谁错。而且，我们非常坚定地认为我们对，孩子错。

　　在这个前提下，我们可能态度很和蔼，口气很温柔，但沟通的效果照样不会好。

　　家长没有想到的是，**和孩子沟通，比谁对谁错更重要的是，找到困扰双方的问题的原因及应对的方法（请注意，不是孩子的问题，而是困扰你们双方的问题）。有效的沟通一定是双赢，所以，赢比对更重要。**

家长们若固执地采取"要对不要赢"的态度，在孩子出现我们不喜欢的行为或想法时，首先想到的自然就是如何"纠正"孩子的"错误"想法和"错误"行为。由于我们已经先站到了"对"的位置，一旦看到孩子不肯乖乖就范，主动站到"错"的位置，我们就会大光其火。有些孩子看透了家长的把戏，死活不配合我们演这场戏，家长们就会哀叹："这孩子怎么这么难沟通啊！"

什么样的沟通方式是"要对不要赢"？什么样的沟通方式是"双赢"？

我们看几个具体例子。

孩子上课不认真听讲，成绩差，经常被老师告状给家长

要对不要赢的沟通，家长会先认定孩子有问题，不爱学习，没有上进心，一点都不懂事，不给家长争气，害得家长丢脸。他们采取的沟通方式会是这样：一顿训斥，中间夹杂感情牌——"你说说你，家长管你吃管你喝，怎么就不能争点气，好好学习呢？"孩子耷拉着脑袋听完，之后还是我行我素。因为家长并没弄清楚最关键的问题——孩子为什么对功课提不起兴趣？

双赢的沟通应该是：家长首先看到一个事实，孩子对学校的功课兴趣不大，同时也要积极了解，为什么兴趣不大——是老师的教学方法不适合孩子，还是孩子被别的更有趣的事物吸引住了？带着这些疑问，家长会和孩子展开一场高质量的对话，因为家长想知道的，也是孩子想了解的。找到影响学业的兴趣障碍，困扰双方的问题自然迎刃而解。

孩子经常撒谎

要对不要赢的沟通，首先会断定孩子的思想品德出了大问题，必须不惜代价让他／她改正错误。于是，家长痛心疾首地给孩子讲撒谎是品质问题，摆出一副自己从未撒过谎的样子，让孩子羞愧、认错，并保证绝不再犯。孩子嘴上肯定服软，但内心的抵触以及撒谎的真正原因并没有找到，下次遇到相似情景，还会照旧撒谎。

双赢的沟通应该是：从孩子撒谎的行为中看到，是孩子对家长的信任出了问题，而不是孩子的品德出了问题。孩子的撒谎行为说明，他／她认为说真话的结局不如说假话，所以用谎话逃避惩罚，或换来其他好处。在这样的前提下，家长不会有居高临下的指责，而会带着探寻甚至内疚的心理，了解孩子为什么会被逼得经常撒谎。这才会让孩子说出心里话，并从根本上减少或杜绝孩子以后撒谎的可能。

孩子上高中早恋，怎么劝都不愿意分手

要对不要赢的沟通，首先会断定孩子有问题。家有男孩，那就是被女孩子勾引，魂不守舍，才如此荒唐；家有女孩，那就是被男孩骗了，傻乎乎地坠入情网。于是，批判加规劝，"你才多大，懂什么爱情"，然后，软硬兼施，用不给零用钱、没收手机等手段威逼孩子斩断情丝。孩子在这样的沟通方式下，往往会觉得只有恋人才理解自己，恋情变得更坚固。

双赢的沟通则是：首先理解孩子在这段恋情中得到了父母以及别人都无法给予的情感满足；在这个前提下，和孩子讨论如何平衡理智和欲望，如何平衡学业和恋爱，这样谈孩子一定听得进去。

< 3 >

为什么好多家长在和孩子沟通时，会不假思索地预设"你有错，你有问题"的立场呢？为什么他们更在乎"我是对的"，而不是更在乎孩子的真实感受？为什么他们执着于证明"我是对的"，而不是如何有效地解决问题帮助孩子？

有些家长没有意识到，自己的思维模式里存在这样的预设前提：非黑即白，非对即错。有些家长甚至固执地认为——正确与错误，忠臣与奸臣，好人与坏人，都是不能共存于同一个世界的对立面。

带着这种固定思维模式的家长，一旦看到孩子成长过程中出现的一些状况，最本能的反应就是立即分出"好人"和"坏人"、"正确"与"错误"。当然，家长必须抢先扮演"正确的好人"，唯有这样才能让他们因感觉真理在握而自在舒服，而孩子就只能被迫扮演"错误的坏人"。

自认为正确的家长面对犯了错误的孩子，最关心的就是如何战胜错误、纠正错误，甚至消灭错误，孩子成了错误的化身，他们根本无暇顾及孩子内心的感受。

同时，他们心底的恐惧是：如果不能证明"我是对的"，那么，被批判、被消灭的就是"我"。所以，这些家长会全力以赴地证明"我是对的"，而不是如何处理孩子遇到的难题。

被困于"非对即错"简单思维模式中的家长，缺乏对事物进行深入分析的耐心和能力，不愿意深究表象下纷繁难解的内在真相。他们害怕失去"非黑即白""非对即错"的判断框架后，显出自己心智的单薄和能力的困窘。

看起来气势汹汹地指责和训斥孩子的家长，其实并不是那么有底气的。他们表面的强悍，是内心虚弱的遮掩。网上曾热传的"14岁少女早恋开房被父亲打断骨头"的新闻里，那个自认为"正义的化身"、一棍子打得女儿尾骨骨折的父亲，他凶悍的教养方式恰恰显示出他无法证明"我是对的"之后的愤怒和无奈。

< 4 >

和孩子进行有效沟通的前提是，认可他／她的行为和感受的合理性。在这个前提下，家长才能和孩子在某种程度上达成共识。

我儿子上高中后，曾有位老师给我打来一通"投诉"电话，我听了非常恼火，于是在儿子回家后对他大加训斥，并让他承认错误。因为，我不假思索地认为，他有问题——顶撞老师还不是大错特错吗？我这当妈的一定要帮助他改正错误，这才是一个"正确的妈妈"。结果，他拒不认错。

后来，我反思了自己的谈话方式——我先入为主地认定孩子"有问题"，丝毫没有听取孩子想法的诚意，这样的沟通怎么会有结果？

又一个周末孩子回家后，我不再用"你是错的"或"你有问题"的预设立场和孩子谈话，而是，认可他描述的被老师为难后的无奈和愤怒，也理解他在那样的情绪下做出一些过激行为的合理性。

我对他说："儿子，你挺不容易的。我现在才知道，你一直在克制自己。"

我的一番话，让孩子瞬间泪目。

接着，我才告诫他："任何时候都不能在言语上对老师有不尊重，即使对方有错在先。因为，从年龄到身份，你必须对老师保持尊重。那样的话语一出口，本来有理也会变得无理，你无法为自己辩解了。"

他用力地点了点头。

彻底消除了对立和排斥之后，我又继续和他探讨了在目前情形下，应该如何应对老师的为难，如何以平稳的情绪处理冲突，如何保护自己的权益。他非常认真地听完我的建议，真诚地检讨了自己的过失，不仅表示愿意给老师道歉，而且为他给家长带来的麻烦感到难为情。

到这里，这件曾让我和儿子都情绪激动的事件以圆满的结局收场，我对儿子增加了理解，也看出他对我增加了信任。

对于这件事，如果我始终固执地坚持"他有问题"及"我是对的"这个思维模式，要用自己的"正确"改正或消灭他的"错误"，那么，无论我的态度是和风细雨还是狂风暴雨，他都会坚持自己的对抗模式，不和我说心里话，把沟通的通道全部封死。那样一来，我会更加愤怒，甚至会失去耐心，说出伤及孩子自尊和伤害彼此关系的过激的话。结果，本来想帮助孩子学习"如何在情绪激动时仍然不出口伤人"，却用自己的失态为孩子做了反面教材。

为了证明自己的正确而采取错误的沟通方式，是"要对不要赢"的体现；对于"正确"的执念，是中国家长思维模式的体现。而真正双赢的沟通是承认对方的想法和行为是可以理解的，并以此为前提充分交换意见，在认知和行为方式上实现对某一问题的最大公约数。

后记

　　20多年前成为母亲，一路走来并不都是欢声笑语，很多时候会感到孤单，也常常有几乎被挫败感击垮的片刻。对孩子的感情不仅有浓浓的爱，也时常掺杂担忧、责怪、埋怨甚至嫌弃。这些情绪当然不符合一个完美母亲的自我要求，好在我早已看透自己的本相：不过是一个普通的母亲，不高尚、有私心、常软弱。所以，接受之后我轻松地对自己说，别急，咱可以慢慢学习。

　　之所以斗胆把我养育孩子20多年的故事写出来，是我突然意识到——我的孩子不是学霸，没有以凤毛麟角的身份考入顶级名校，但他的状态恰恰是大多数孩子的状态；那些上哈佛、耶鲁、北大、清华的孩子，他们父母的教养经验往往带有特殊性，值得景仰但未必可供推广。而我这平凡妈带平凡娃的经验，应该是可以复制，甚至可以超越的——只要你认同我的理论和观点，认可养育孩子是母子共同成长的过程，认可优质的母子关系是孩子健康成长的关键，认可孩子的幸福感来源于关系而不只是成就。

　　鼓励我写书的正是身边那些做了妈妈的朋友们。她们经常听我讲我和儿子之间的一些故事，看到了我很享受我们的母子关系，有些闺密对我儿子也很了解，总夸他阳光成熟、招人喜欢。

她们总是对我说："你真该写写你怎样养儿子，我们其实也不奢望自己孩子上名校、挣大钱，但总是苦于和孩子的关系不融洽、不好处，孩子难受，我这当妈的也不舒服。所以，挺羡慕你和你儿子可以保持那么亲密的关系。"

让我觉得有动力写这本书的，还有我儿子的小朋友们。

他们虽没有提写书的事，但每次来我们家做客吃饭，总有几个孩子（现在都是 20 多岁的大小伙子了），忍不住指着我儿子说："阿姨，好羡慕他啊！"从孩子们的眼神和话语里我能感受到，他们渴望拥有一种亲密温暖的母子关系。而从母亲的角度看，我知道，他们的妈妈绝对不是不想给自己的孩子亲密和温暖，只是，不知道方法，也被一些错误的观念误导。或者，母亲自己一直陷在旧时的成长伤痛里，无暇顾及孩子的心理渴望。

看到周围母亲和孩子的双重需要，我才鼓起勇气开始写作这本书。不知为何，突然有了一些责任感，也许那些遇到问题后迷茫困惑、不知所措的年轻母亲们会从中获益——

有些人的孩子可能年龄还小，她们正挣扎在工作和家庭的艰难平衡中；

有些人的孩子可能已经进入青春叛逆期，她们可能正被孩子升学与自己事业发展的双重挑战折磨着。

也许，我的经历会让她们看到一个过来人的实用经验和具体的做法，也会因为看到我和她们曾有相同的困扰而不再那么孤独焦虑。

因为这份责任感，我愿意尽可能地敞开心扉。

在这部书稿的写作过程中，我脑海中常常涌出一句话——"感谢我爸和孩子他爸"。是的，回溯过去，我才看到青春叛逆的自己曾被慈爱的父亲那样包容过，没有他爱的迁就，我不会在我的孩子犯错时懂得退让一步，小心呵护他脆弱敏感的自尊心；回首往事，我分明看到，在我彷徨犹豫之时，是宽厚的丈夫——孩子他爸，用他的肩膀和智慧托起了我，他对我的支持和疼爱是孩子安全感的最大来源，同时，他承担起父亲的所有责任，让我丝毫没感觉在孤军作战。

从母亲的视角写亲子关系，很容易让人产生"父亲缺席也无所谓"的误解。其实，父亲在孩子的成长过程中责任重大，需要母亲学习的，父亲也不能松懈。因此，这不是一本只适合母亲阅读的亲子书，父亲若能参与到孩子的教育中，对妻子、对孩子都会带来超乎想象的正面影响。

父亲能够给予孩子的，的确是母亲无法替代的，而好父亲对于孩子的一生都至关重要，无论是对男孩还是对女孩。

好父亲让女孩子长大后不会遇到"渣男"，不会轻易用讨好的方式取悦他人，更相信自己的能力，更有可能找到灵魂伴侣；好父亲让男孩子内心更有力量，不害怕竞争，更懂得尊重女性，因而更容易婚姻幸福。

令人遗憾的是，很多男性仍然把养育孩子看作女人的专职工作，他们的失职和懒惰让孩子的母亲更加不堪重负。要想彻底改变这一现状，除了需要等待时代的变革和文化的进步，女性有意识地引导和规劝也是必不可少的。从家庭的层面看，也许，这个因素更为关键。

　　我个人的经验是，遇到和孩子有关的学校活动，尽可能拉着孩子他爹一起参加，周末多组织一家三口的活动，平时也要多和丈夫分享孩子的大事小情，多问他的意见，让他参与到培养孩子的过程中来。

　　我儿子小学时第一次开家长会，只有我和我先生几对夫妻，其他都是妈妈单独一人参加。那天回来后，我就不停地感慨："你看那些妈妈一直在看我们，她们肯定很羡慕，大家都觉得你是特别爱孩子的好爸爸，你看儿子多高兴！"本来我先生工作很忙，那次活动的良好体验，促使他几乎和我一起参加了儿子上大学之前的每一次家长会。

　　如果说，养育孩子的过程就是父母和孩子共同成长的过程，那么，身为母亲的女性可能在现阶段还要肩负带领孩子父亲一起成长的责任。这当然不容易。可一旦孩子他爹在这个过程中感受到了成长的喜悦，尝到了被孩子需要、被妻子倚靠的甜蜜，他一定会给你们母子或母女惊喜的回报。

　　我能完成这本书，能胜任母亲的职责，我先生功不可没。在我跌跌撞撞学习做母亲的路途上，他一直和我互相搀扶，我在成长，他也在进步，而我们的孩子也因为我们的彼此相爱，学到了人生中重要的一课。

特辑

我的"另类虎妈"

大　顺

　　小时候，我并没有觉得我妈和别的妈妈有什么不一样，只是觉得她比别人的妈妈更会做饭、厨艺很棒，因为凡是来我家做过客的同学都对她做的饭菜赞不绝口。

　　随着一天天长大，我才慢慢意识到我妈有多么不一样。

　　她年轻时做过十年记者，后来又自己开公司多年，强势干练，极讲原则，不熟悉她的人都有点怕她。我也不能说我一点儿都不怕她。

　　那我妈是"虎妈"吗？某种程度上，她是。

　　小时候我是根本不敢撒谎的，也不敢在饭桌上乱动筷子，在家里接电话必须先说"您好，请问您找谁"，大人聊天时，一定会规规矩矩噤声。这些原则确保我没有当过一天"熊孩子"，以致现在看到公共场所"熊孩子"泛滥时，不由就想感谢母亲大人当年对我的严厉。

　　在学业上，她对我虽不苛刻但一直有着周密安排。特别是，我从小上私立学校，去国外读大学是一早就规划好的，所以，在我的英语学习上，我妈可以说一点儿也不马虎。

我上小学时，她就会为了我的英语演讲比赛做陪练；从我上初一起，她就集中地安排我进行英语强化培训，高一开始就让我为托福做准备，临近考试前上过各种补习班。要说当时心里不累不烦，那肯定是撒谎。但我妈不仅对我严，她自己也不闲着，假期补课，我报一个班，她报另一个班，下课后再一起回家，我想旷课溜号都不可能啊！

年少的我心里抱怨过妈妈的严厉，现在的我却会感激她。留学美国后，每当我在教授面前流利地表达自己的想法，每当我拿下作文高分，每当我像听母语一样毫无障碍地看英文电影，我都会发自内心感谢我妈当年的严厉。那段被"虎妈"管教的经历，给我带来的收获太多太多。

不过问孩子的学习情况，不去约束管教孩子的妈妈，也许会让孩子短时间轻松愉快，长大后的我却清楚地意识到，人生路上很多必不可少的技能，都是被人逼着学会的。

但我妈绝对不是普通的"虎妈"，她是一位"另类虎妈"，她有中国母亲的严厉和讲原则，却不会不尊重孩子的个性和自由选择。这就是我为什么对她既有着朋友般的亲切感，也有着对长辈的崇拜感。

记得我高中临近毕业时，已经拿到了三四个大学的录取通知书，因为距离美国大学开学还有五六个月的时间，我向妈妈提出，想提前给自己放个大假。因为毕竟高中没有正式放假，这只是拿到录取通知书后可以进行的一个选择，如果当时她不同意，我也不会特别失落。没想到，我妈非常开心地答应了我的请求，表示她理解我，她觉得在完成高强度的托福考试及一系列的升学申请和面试之后，进行休养和调整是很有必要的。

回想起来，那年夏天真的太难忘了！因为有母亲的充分理解，我度过了求学以来最放松、最过瘾的超长无敌假期！我不仅和朋友一起报名去上拳击课，还经常出去看电影、吃东西。经历了考大学之前的艰苦冲刺，这样的日子真是太惬意了！对这点，我妈特别理解，一次都没有教训过我，没有像其他家长那样说出"不该虚度时光"之类的话。

我妈最让我钦佩和感恩的是，她总能在教育我时，区分出什么是真正重要的，什么是摆给别人看的虚招子。

欢度假期时，我还很大胆地染了一头银灰色的头发，是当时很流行的"奶奶灰"，也算是给结束了高中生涯的自己的一个小礼物。要知道，在中国，这样的"奶奶灰"在一个年轻人头上是比较扎眼的，走在路上回头率很高。如果我妈妈的亲朋好友看到了，难免会说三道四。

没想到，我妈根本无所谓，可以说，比我还无所谓。她经常大大方方地带我去和亲朋或长辈吃饭，还把我的照片发到她的朋友圈嘚瑟。对于别人的疑问甚至否定，她毫不在意，总是充满自信地赞扬我的审美能力，也从来没有因为别人的看法而跟我发牢骚。

随着我慢慢长大，对很多事情的理解更加成熟，也更加全面，我越来越能理解，我妈对我在学业上的要求是真的为我的未来着想，并不是想完成她自己的心愿、满足她的成就感。她总爱对我说这样的话："你要努力学习，为的是活出自己的人生，我和你爸是在帮助你成为更好的自己。"

我有时也会想，以后的我会怎样教育我的孩子？我能不能做到像我妈妈那样，对孩子充分地信任、充分地理解、充分地包容？其实每次这么一想，我都会觉得，在我经历过的很多事件的决策上，如果把我换到我妈的位置，我并不能做到像她那样包容和理解。这让我对她更加敬佩和感恩。

自从到美国读大学之后，我慢慢地意识到，我和父母的关系与西方家庭中的亲子关系非常相似，与身边许多中国朋友的家庭关系有很大的不同。这让我很惊诧，也很好奇其中的原因。

我妈的教育方式让我和她的关系并没有因为我长大而慢慢疏远，相反，我们之间的相互理解越来越深。我和我妈会经常谈心，一聊就是好几个小时。据我了解，和我同龄的许多孩子和家长的对话仅限于日常寒暄。

我和朋友们聊过这个话题，从孩子的角度来讲，不是不想和家人分享自己的生活，也不是不愿意对爸爸妈妈表达自己的情绪和感受，但每次的尝试，得到的不是倾听和理解——甚至不是一个对等关系的谈话和讨论——而只是来自长辈的呵斥和教训。这样一来，谁还会愿意在软弱彷徨的时候再找父母谈心呢？

其实，一个人在长大的过程中，会有很多感到迷茫、感到挫败的时刻，这种时候，你甚至没有办法去跟任何一个亲密朋友分享自己心底最深处的难过和痛苦。家庭，往往就成了最后的港湾。如果连最亲的父母都不能成为让你安心倾诉的对象，很多负面情绪就只能慢慢堆积在内心深处，那种痛苦可想而知。

我很庆幸，我的家一直是我最温暖、最可靠的避风港。我不敢说我和父母无话不谈，但在我需要做出重要抉择时、需要找人倾诉时，父母肯定是我的必选项。

　　我的父母和其他中国父母最不一样的地方是，他们在孩子长大后，不把孩子当孩子看待，而是当作一个平等的、需要被尊重的人来对待。我大概在上高中时，就可以和父母讨论很多和我有关的事情了。对他们的决定，我有一票否决权。而我认识的很多中国同学，大学快毕业了，仍然被家长当作不懂事的孩子。

　　尊重和理解绝不会把孩子惯坏，滥施威严或无原则的溺爱，则会从根本上破坏孩子和父母的关系。一个心智成熟的孩子，可以分辨出父母的管教是真心为了孩子的未来，还是借管教的名义来发泄情绪；是因为真爱而严苛，还是以爱的名义来达成自己的目的。

　　上大学后回国度过的每个假期，我从来没有经历过同龄人在社交网络上"吐槽"的那些遭遇，比如，被妈妈各种挑毛病，或者因为琐事和家长发生争执。在看到我打游戏或玩电脑时，我妈从不会没来由地斥责我，她相信我会自己安排好学习和娱乐的时间；我有时晚归或在同学家留宿，她在确认我安全的情况下，从不会发脾气教训我，而我也养成了自动按时按点向她汇报情况的习惯，从没有因为她的中途来电而感到不耐烦。因为我知道，她是关心我，想确认我的安全，而不是催促我或者发牢骚。

　　我妈对我充分信任，我也对得起她的信任，我们双方都因为这样的相处模式而特别舒服。

　　我妈对我是尊重鼓励、理解包容的，又是严格而不放纵的，这让她成为不一样的"另类虎妈"。作为儿子，我常常能感受到她无论冷峻还是温柔的表情背后，全都是暖暖的爱。

2018 年 7 月 10 日于美国

你的孩子，其实不是你的孩子，

他们是生命对于自身渴望而诞生的孩子。

他们通过你来到这世界，

却非因你而来，

他们在你身边，却并不属于你。

——纪伯伦

好书推荐

《 **我减掉了五十斤** 》
——心理咨询师亲身实践的心理减肥法

徐徐 / 著

"很好看"的减肥书，不仅提供方法，更提供动力和能量。

"很好用"的励志书，从减肥入手——让身体轻盈下去、让灵魂丰满起来。

这不仅是一本减肥指导手册，更是一本借着减肥谈心灵成长的自白书。

让更多被肥胖困扰，陷在旧日伤痛中不能自拔的人，看见一线生机。

《女人 30+——30+ 女人的心灵能量》（珍藏版）

金韵蓉 / 著

畅销 20 万册的女性心灵经典

献给 20 岁：对年龄的恐惧会变成憧憬

献给 30 岁：于迷茫中找到美丽的方向

《女人 40+——40+ 女人的心灵能量》（珍藏版）

金韵蓉 / 著

畅销 10 万册的女性心灵经典

不吓唬自己，不如临大敌，

不对号入座，不坐以待毙。

《优雅是一种选择》（珍藏版）
徐俐/著

《中国新闻》资深主播的人生随笔
一种可触的美好，
一种诗意的栖息。

《像爱奢侈品一样爱自己》（珍藏版）
徐巍/著

时尚主编写给女孩的心灵硫酸
与冯唐、蔡康永、张德芬、廖一梅、
张艾嘉等深度对话，分享爱情观、人生观！

《时尚简史》
[法]多米尼克·古维烈/著 治棋/译

法国流行趋势研究专家精彩"爆料"
一本有趣的时尚传记，一本关于审美
潮流与女性独立的回顾与思考之书。

《点亮巴黎的女人们》
[澳]露辛达·霍德夫斯/著 祁怡玮/译

她们活在几百年前，也活在当下。
走近她们，在非凡的自由、爱与欢愉中
点亮自己。

好书推荐

《中国绅士（珍藏版）》

靳羽西 / 著

男士必藏的绅士风度指导书。

时尚领袖的绅士修炼法则，

让你轻松去赢。

《中国淑女（珍藏版）》

靳羽西 / 著

现代女性的枕边书。

优雅一生的淑女养成法则，

活出漂亮的自己。

《选对色彩穿对衣（珍藏版）》

王静/著

为中国女性量身打造的色彩

搭配系统。

《识对体形穿对衣（珍藏版）》

王静/著

体形不是问题，会穿才是王道。

形象顾问人手一册的置装宝典。